Hermann Schreiber

Kapitalist mit Gemeinsinn

Hermann Schreiber

Kapitalist mit Gemeinsinn

Ein Essay über Kurt A. Körber

edition Körber-STIFTUNG

Die Geschichte vom gemeinnützigen Kapitalisten

Kurt A. Körber wäre nicht der, der er war, wenn er nicht auch noch an seinem Tod mitgewirkt hätte.

Über Krankheit war mit Körber nicht zu reden – und nicht nur das: Er ließ Krankheit einfach nicht gelten, jedenfalls nicht als Hinderungsgrund, weder bei sich selbst noch bei anderen – ausgenommen nur seine Frau, deren am Ende tödliche Alzheimer-Krankheit ihn tief verstört hat. Körber weigerte sich sogar oft, erkrankte Freunde zu besuchen, nicht aus Mangel an Mitgefühl, sondern weil er von der Begegnung mit der Krankheit eine Störung seiner Tatkraft befürchtete, und ohne die hätte er nicht wirken können. Wirken aber musste er.

Dann freilich, im Juli 1992, ließ er doch ein Gespräch über Krankheit zu – im privaten Raum seines Refugiums am Tegernsee und im Kreis enger Freunde, die beide Mediziner waren und die er mit ihren Frauen in sein Haus in Bad Wiessee eingeladen hatte: Professor Roland Tauber und Professor Norbert Heisig, der seit etlichen Jahren sozusagen sein Hausarzt und Nachbar in Bergedorf war. Körber kam aus Dresden, seiner wahren Heimat, zu diesem Treffen an den Tegernsee.

Nach Dresden geflogen war er ein Jahr zuvor zum ersten Mal in einem nur 80 PS starken, maximal 180 km/h schnellen Motorsegler vom Typ Grob-109. Der damalige Vorstand der Körber-Stiftung, Ulrich Voswinckel, privat ein begeisterter Hobbyflieger, hatte seinen Chef kurz vor dessen 82. Geburtstag für das Reisen in dem winzigen zweisitzigen Sportgerät begeistern können. Der Flug von Holtorfloh in der Nordheide nach Dresden-Klotzsche dauerte 150 Minuten, und dieser Flug verschaffte Kurt Körber ein Gefühl, das er in den sonst benutzten Jets noch nie verspürt hatte. Die Plexiglaskuppel des kleinen Sportfliegers »schien plötzlich der Mittelpunkt der Welt zu sein. Man kommt in Versuchung zu glauben: Jetzt bin ich der Herr der Welt.« Kein Wunder, dass Körber seinen Piloten Voswinckel bat, ihm vorübergehend den Steuerknüppel zu überlassen. 300 Meter über dem grauen Band der Elbe, das er durch das Plexiglas im Boden des Cockpits sehen konnte, und vor sich »sein« Dresden, rief Körber: »Mein Gott, das hätten wir schon vor 20 Jahren tun müssen.«

Im Juli 1992 allerdings wartete in Dresden bereits sein Vermögensverwalter Christian Wriedt auf ihn, der ihm ein Haus in der Dresdner Altstadt zeigen wollte, das er für Körber erwerben sollte. Bei dieser Gelegenheit nun suchte Körber, begleitet von Wriedt und dem ebenfalls anwesenden Voswinckel, noch einmal den zerstörten Schutzraum auf, in dem er den Luftangriff auf Dresden am 17. April 1945 überstanden hatte. Er war damals, mit etwa 40 anderen Menschen, von denen nur 23 überlebt haben, in dem zerstörten Raum zwölf Stunden verschüttet gewesen. Nun stand er wieder an diesem Schauplatz seines Schicksals und kämpfte, nahezu wortlos, mit den Emotionen der Erinnerung.

Es mag wohl sein, dass er ohne diese frische Erinnerung an sein Schicksal in Dresden dem Gespräch über Krankheit mit den Freunden in Wiessee doch wieder ausgewichen wäre. Jetzt aber räumte er ein, dass es ihm seit einiger Zeit nicht gut gehe, und das war wohl auch nicht zu übersehen. Wenige Wochen zuvor, im Juni 1992, hatte seine ehemalige Sekretärin Ingeborg Felsmann, die er »Fiss« genannt und die den größten Teil seines Unternehmerlebens in seiner unmittelbaren Nähe verbracht hat, ihn am Tegernsee besucht, und war »erschrocken, wie er sich verändert hatte – so ruhig und besinnlich, das war nicht mehr Körber«. Er widersprach auch nicht, als Professor Heisig vorschlug, ihn gleich nach Körbers Rückkehr in Hamburg noch einmal gründlich zu untersuchen.

Diese Untersuchung förderte dann erhebliche Gefährdungen im Bereich der Herzkranzgefäße zutage – eine mindestens insoweit unerwartete Diagnose, als Professor Heisig bei der letzten gründlichen Untersuchung am 12. Dezember 1991 noch keine Hinweise für eine

Herzerkrankung, insbesondere für coronare Probleme, hatte erkennen, sondern feststellen können: »Eine Herzinsuffizienz liegt nicht vor.«

Auf die Hamburger Diagnose vom Dezember 1991 berief Körber sich auch, wenn seine Tegernseer Ärztin Dr. Christel Laprell, die zu seinem dortigen Freundeskreis zählte und die er in unregelmäßigen Abständen auch konsultierte, nach etwelchen Schwierigkeiten bei körperlicher Belastung fragte und nur ausweichende Antworten bekam. In der Nacht vom 30. auf den 31. Juli aber, dem Tag seiner Abreise nach Hamburg, rief Körber Frau Dr. Laprell um 5.30 Uhr an und bat um Hilfe. Er litt unter starken Schmerzen, die auf einen Herzinfarkt hinzudeuten schienen, und hatte große Angst. Frau Dr. Laprell konnte ihn aber beruhigen. Es war definitiv kein Infarkt, sondern wohl eher ein Roemheldscher Symptomenkomplex, den der Betroffene aber wie einen Herzanfall empfindet. Dr. Laprell bestätigte Körbers Reisefähigkeit, und er flog, wie geplant, zu der mit Professor Heisig verabredeten Untersuchung nach Hamburg.

Dort musste Heisig seinem Patienten nun aber eröffnen, es sei dringend erforderlich, dass er sich am Herzen operieren und einen Bypass oder auch mehrere legen lasse. Kurt Körber willigte sofort ein. Und er traf diese Entscheidung so, wie er als Chef immer entschieden hatte: Gut, wir machen das, und morgen will ich die Pläne auf meinem Tisch haben. »Morgen wird operiert«, verfügte Körber. Er wollte nur noch den am besten geeigneten Spezialisten wissen. Professor Heisigs Versuch, dem 82-jährigen Patienten klarzumachen, dass er auf einen solchen Eingriff am offenen Herzen gebührend vorbereitet werden müsse, was Zeit erfordere, wischte Körber mit einer Handbewegung beiseite. Er wollte nicht warten. Am 25. August sei Aufsichtsratssitzung, an der er teilnehmen müsse, und bis dahin habe diese Herzgeschichte erledigt zu sein. »In seiner entschiedenen Art hat Körber uns Ärzten die Entscheidung aus der Hand genommen, indem er sagte, dass es unverzüglich gemacht werden soll«, erinnert sich Professor Heisig.

Es soll an dieser Stelle nicht darüber spekuliert werden, ob dieses Ende abwendbar gewesen wäre, hätte die Bypass-Operation zu einem späteren Zeitpunkt und unter anderen Bedingungen, mindestens was die Vorbereitung und auch was die Nachsorge angeht, stattgefunden. Das Risiko eines Darminfarkts wäre, jedenfalls nach Meinung von Dr. Laprell, auch zu einem anderen Zeitpunkt existent gewesen, angesichts einer Verengung, die der Patient in diesem Bereich ohnehin schon hatte.

Hat Kurt Körber sein Schicksal herausgefordert, als er den Ärzten die Entscheidung über den Zeitpunkt der Bypass-Operation aus der Hand nahm? Hat er das womöglich bewusst getan – weil er geahnt hat, dies könnte das Ende jenes dynamischen Lebens werden, wie er es immer geführt hatte und das zu ändern er ebenso wenig willens war, wie er bereit war, Krankheit als Hinderungsgrund gelten zu lassen?

Am Abend bevor er sich in das Krankenhaus bringen ließ, in dem die Operation stattfinden sollte, wies er seinen Fahrer während einer Stadtfahrt in Hamburg an, einen weiten Umweg zu nehmen. Er wollte an die Elbchaussee gefahren werden, an die Vorzeigeadresse jener Hamburger Gesellschaft, in der Kurt Körber sich nie wirklich zu Hause gefühlt hat und die ihn – bei aller Anerkennung seiner Lebensleistung – auch nicht so angenommen hat, wie er das verdient, wie er es sich jedenfalls gewünscht hätte. Er ließ sich langsam vorbeifahren an den Villen, von denen er nie eine erworben hatte, obwohl er sich das gut hätte leisten können. Auch an den Fluss wollte er gefahren werden, von dessen Ufern die Lichter der Werften und all der anderen Hamburger Highlights herüberglitzerten. Ab und zu stieg er aus, ging ein paar Schritte und monologisierte leise dabei, wie im Selbstgespräch. Schließlich wollte er zu den Landungsbrücken gefahren werden, stieg auch dort aus und blickte über die Elbe und den Hafen, das Herzstück Hamburgs. »Hier möchte ich immer wieder herkommen«, soll er gesagt haben. Sein Fahrer verstand längst nicht alles, was Körber eher zu sich selbst sagte, aber er hatte, je länger desto mehr, das Gefühl, der Chef habe »das alles nochmal sehen«, habe Abschied nehmen wollen.

Da stand er also nun in der Dämmerung an den Landungsbrücken, nur in Gesellschaft seines Chauffeurs: einer der erfolgreichsten, weltweit agierenden Unternehmer Hamburgs und vor allem – nicht nur gemessen an den Millionen, die er verdient und dann verteilt hat – der in den Jahren des Wirtschaftswunders wohl außergewöhnlichste, am weitesten vorausschauende Stifter dieser Stadt der Stiftungen, die ihn sehr spät, fast ein wenig verlegen, zu ihrem Ehrenbürger gemacht, ihn aber doch nie ganz verstanden und in seiner Einmaligkeit ohne Vorbehalte akzeptiert hat.

Denn Kurt Körber war anders. Das »Genie von Bergedorf«, wie Richard von Weizsäcker, den er verehrte, ihn einmal genannt hat, war eben zufolge dieser Genialität immer anders als die anderen. Und eben darin – das wird er gewusst, mindestens gespürt haben – lag seine Stärke. Diese Stärke war eben das irreguläre Denken; er war sozusagen ein Partisan im Lande der Angepassten. Auch das lausbübische Vergnügen am Andersmachen gehörte zu ihm. Ihn interessierte eben nicht die Harmonie der Dinge, sondern ihre Widersprüchlichkeit, ihre Veränderbarkeit. Er wollte der sein, der er war, auch in seiner eigenen Widersprüchlichkeit, und mit seinen unangepassten Gedanken eine Antwort auf die Frage finden, wie man die Wirklichkeit verändert. Und verändern, verbessern wollte er immer.

Einfach zu verstehen war er gewiss nicht. Selbst ein Freund wie Helmut Schmidt hat zu seinem 75. Geburtstag bekannt: »Ein Porträt Kurt. A. Körbers zu zeichnen, wäre eine ziemlich vermessene Unternehmung; dazu bedarf es schon jener Unbefangenheit, mit der der zu Porträtierende selbst immer wieder verblüfft.« Was

Golo Mann über Wallenstein gesagt hat – »Wie vielerlei Fremdes nistet da nicht zusammen!« –, könnte auch auf Körber gemünzt gewesen sein. Und Wallensteins »Wenn ich nicht wirke mehr, bin ich vernichtet« hätte er wohl unterschrieben.

Kurt Körber ist am 7. September 1909 in Berlin zur Welt gekommen, im kaiserlichen Deutschland, das vom Säbelrasseln drohender europäischer Konflikte widerhallte. Seine Mutter, als Lina Auguste Rosa Nickol 1889 in Thüringen geboren, wurde als Minderjährige von einem fast drei Jahre älteren thüringischen Landsmann, dem Techniker Paul Friedrich Körber, geschwängert, geheiratet aber erst ein Jahr nachdem ihr erster Sohn Erich, kein Wunschkind, zur Welt gekommen war. Als ihr zweiter Sohn – Kurt – geboren wurde, war sie 20 Jahre alt und erst drei Monate verehelicht. Die junge Frau befreite sich – wennschon ohne Scheidung – aus der von der ersten Schwangerschaft aufgenötigten Bindung an den als autoritär beschriebenen, dem traditionellen Rollenverständnis verhafteten Ehemann, indem sie zu dem wurde, was Paul Körber einen »Blaustrumpf« nannte – zu einer aufbegehrenden, selbstgewissen Frau, die sich von ihrem Ehemann nicht auf die Rolle einer Hausfrau und Mutter festlegen ließ.

Sie wurde politisch aktiv, entwickelte wachsende Sympathien für die sozialistische Linke, besonders für die führende Theoretikerin des linken SPD-Flügels, Rosa Luxemburg, deren Vornamen die junge Frau Körber künftig demonstrativ selber als einzigen Vornamen führte. Für den Knaben Kurt war Rosa Luxemburg »Mutters Freundin«, und die Mutter nannte sie »meine Lehrerin«.

Ausführlich erzählt hat Kurt Körber das nur zwei russischen Literaten, Alexander Wassiljev und Pavel Fraenkel, die sich 1990 – ermutigt durch Gorbatschows Perestrojka und das ideologische Tauwetter in der Sowjetunion – vorgenommen hatten, eine »belletristische Biographie« Körbers zu schreiben und ihren Landsleuten darin einen »guten Kapitalisten« vorzustellen. »Lange Jahre«, heißt es im Vorwort, »durften Kapitalistenfiguren in der Sowjetunion nur in Schwarz gepinselt werden.« Damit sollte nun Schluss sein, und der Gorbatschow-Sympathisant Körber erschien den Autoren als der ideale Held ihrer Geschichte. Das Buch kam zustande, nicht im Auftrag von Körbers Stiftung, aber mit seiner auch finanziellen Unterstützung der Autoren und erschien 1993 in Moskau unter dem Titel »Zwei Ringe von Kurt Körber«; eine deutschsprachige Fassung wurde nicht gedruckt.

Diesen beiden Russen also hat Körber erzählt, wie er als Neunjähriger von seiner Mutter, die seine starke Neigung zu öffentlichen Auftritten schon damals erkannt und wohl auch gefördert hatte, zu Versammlungen der Linken mitgenommen worden sei, um dort ein Gedicht vorzutragen, dessen Text er nie vergessen und sogar in Interviews zu seinem 80. Geburtstag wieder aufgesagt hat: »Und käme Christus noch einmal, die Welt von Sünde zu befrei'n, fürwahr er wär' ein Sozialist und kämpfte mit in unsern Reih'n.« Einmal, vermutlich bei einem Laienkunstabend im Arbeiterklub, hat er zur Belohnung für seinen Vortrag eine Tafel Nussschokolade bekommen, und zwar von »einer Tante in weißer Bluse mit großer schwarzer Schleife, die hier wohl Regie führte: Die Frau war Rosa Luxemburg«, behaupten die russischen Autoren, »Kurt würde sie mit einem Flamingo vergleichen. Sie hatte eine feine Nase, große ausdrucksvolle Augen, war von zartem und zierlichem Körperbau. Sie bevorzugte helle Blusen, und wenn sie sprach, wendete sie ihren Kopf bald nach links, bald nach rechts, streifte auf diese Weise alle ihre Zuhörer mit ihrem Blick und erinnerte an einen Flamingo, einen graziösen und nervösen Vogel.«

Nicht nur das Gedicht von dem als Sozialist wiederkehrenden Christus hat Kurt Körber im Gedächtnis behalten. Auch der gewaltsame Tod der Rosa Luxemburg ist ihm zum lange nachwirkenden Erlebnis geworden – durch seine Mutter, die in dieser Frau eine Märtyrerin ihrer Ideale von Gerechtigkeit und Freiheit gesehen und ihn dazu erzogen hat, ihr Bild zu bewundern. Das hat, zumindest in der Wirkung, nichts mit Ideologie zu tun, im Grunde auch nichts mit Sozialismus. Aber die soziale Idee, die sich für Kurt Körber im Bild der ermordeten Rosa Luxemburg spiegelte, ist für ihn etwas Erhabenes geblieben, etwas, worin sich Brüderlichkeit und Verantwortung im Zeichen der Hoffnung miteinander verbanden. Dieses Bild ist ihm nie aus dem Sinn gekommen. Er sah es auch in seiner Mutter: sah sie als Kämpferin für eine freiheitliche, soziale Gesellschaft.

Abwegig ist es jedenfalls nicht, in diesem Kindheitserlebnis die Keimzelle des sozialen Engagements des Stifters Körber zu vermuten. Ein Sozialist ist er nicht geworden, aber ein Kapitalist zu werden, war ihm auch nicht geheuer. Es ließ sich jedoch nicht vermeiden. Er verdiente, kraft seines technischen Ingeniums, als erfolgreicher Unternehmer viel Geld, »und so wurde ich langsam Kapitalist, was mir auf Grund meiner Erziehung und meines Werdegangs überhaupt nicht behagte«. Also hat er sich »zwischen die Systeme gesetzt« und sich seine »eigene kleine Welt gebaut«. Dazu gehört auch, dass er, als er 50 Jahre alt wurde, die Kurt-A.-Körber-Stiftung gründete. Spätestens dann war ihm nämlich klar, dass er etwas sein wollte, was es eigentlich gar nicht gibt: ein gemeinnütziger Kapitalist – ein Unikum, ein weißer Rabe.

Was das konkret für ihn bedeutet, hat er immer wieder formuliert, es ist das Credo eines Mannes, der seinen Platz »zwischen den Systemen« gefunden hat: »Wer die Freiräume und kreativen Kräfte der sozialen Marktwirtschaft nutzt, hat auch die Verpflichtung, zu ihrem Erhalt und ihrer Fortentwicklung beizutragen. Und wer das Glück hat, dabei zu Wohlstand gekommen zu sein, sollte im Sinne einer stärkeren Sozialbindung des Kapitals und zur Sicherung unseres freiheitlichen Systems auf freiwilliger Basis Teile seines Vermögens der Gesellschaft wieder zuführen und durch ideelle und materielle Unterstützung Beiträge zur Stärkung der immateriellen Werte und Motivation in unserer Gesellschaft leisten.«

Das Außerordentliche an der prägenden Bindung Kurt Körbers an seine Mutter ist aber wohl, dass sie zeit seines Lebens für ihn bestimmend geblieben ist. Auch als er längst ein kapitalistischer Unternehmer und Millionär geworden war, blieb die Mutter und »Schülerin« Rosa Luxemburgs für ihn eine Leitfigur. Das ist politisch nicht fassbar, auch nicht allein zu erklären mit der Liebe zur Mutter. Es gab zwischen Mutter und Sohn offenkundig eine Übereinstimmung, die aus tieferen Schichten stammte. Ein kluger Beobachter hat Rosa Körber in den Erzählungen ihres Sohnes immer als »die große Mutter, als moralisch höchste Instanz« wahrgenommen, als Körbers »innere Anstiftung«. Es war sowohl seine eigene Überzeugung als auch das innere Zwiegespräch mit der Mutter, dass er sich ständig die Frage stellte: Wie kannst du es verantworten, so reich zu sein? Was tust du dafür? Offenbar suchte auch – oder gerade – der Millionär Körber die innere Rechtfertigung des Mannes vor der Mutter ... Wie trete ich meiner Mutter im Himmel gegenüber?

Kurt Körber selbst hat diese These inspiriert und, emotional angereichert, sogar formuliert in einem Brief an seine Mutter, den er 1987, drei Jahre nach ihrem Tod, für eine Anthologie mit dem Thema »Meine Mutter« verfasst hat. Er schreibt dort, »die ideellen, ich meine die ethischen Verpflichtungen für mein soziales Verhalten zur Nächstenliebe (sind) zweifellos von Dir in mir geweckt und gepflegt worden. Als Frucht dessen, was Du mir in permanenter Fürsorge und mit großer Hingabe mitgegeben hast, solltest Du meine Stiftung, die es ohne Dich gar nicht geben würde, auch als Dein Lebenswerk betrachten.« Man muss das zweimal lesen: Meine Stiftung, die es ohne Dich gar nicht geben würde ... Die Mutter als »innere Anstiftung«.

Darum aber, wie er ihr im Himmel gegenübertreten solle, hat Körber sich nicht gesorgt. Er verlegt diese Begegnung in seinem Brief auf den Olymp, den Sitz der antiken Götter. »Seit drei Jahren bist Du im Olymp. Solltest Du mich von dort oben beobachten können, so hoffe ich, dass du in meinem Denken, Streben und Tun feststellen wirst, dass Du in mir weiterlebst, bis auch ich dort angekommen bin, wo Du jetzt bist.«

Es ist bezeichnend, dass Körber in diesem Brief auch die gemeinsame linke Vergangenheit in der Erinnerung verklärt: »Bei der Rückschau in die Vergangenheit erinnere ich mich an meine Kindheit, wie Du 1918 nach dem Ersten Weltkrieg angesichts der Millionen Toten, die auf den Schlachtfeldern geblieben waren, an Deinem Glauben an den Herrgott ernsthaft zweifeltest. Wie Du in Deinem Streben nach sozialen Reformen im Gefolge von Rosa Luxemburg und Karl Liebknecht die USPD mitgegründet hast, eine politische Organisation, aus der später die Kommunistische Partei Deutschlands hervorgegangen ist. Es bleibt mir lebhaft in Erinnerung, wie ich unter Deiner Anleitung 1919 während der November-Revolution als Zehnjähriger auf dem Podium stand und … deklamiert habe.«

In der historischen Realität ist die USPD aus einer Gruppe von SPD-Abgeordneten des Reichstags hervorgegangen, die seit August 1914 immer offener gegen die Unterstützung des Kriegs durch ihre Partei protestierten. Karl Liebknecht verweigerte im Dezember 1914 zunächst als einziger Reichstagsabgeordneter die Zustimmung zu weiteren Kriegskrediten. Als ihm ein Jahr später 19 weitere SPD-Abgeordnete folgten, schloss die SPD-Führung um Friedrich Ebert diese Gruppe aus Fraktion und Partei aus. Die Abweichler gründeten daraufhin 1917 in Gotha die USPD als eigene Partei neben der SPD. Der Neugründung schloss sich die »Gruppe Internationale«, später Spartakusbund, um Rosa Luxemburg, Karl Liebknecht, Wilhelm Pieck und Clara Zetkin an, trennte sich aber schon im Dezember 1918 wieder von der USPD. Am 1. Januar 1919 vereinigte sich der Spartakusbund mit anderen linksrevolutionären Gruppen zur Kommunistischen Partei Deutschlands. Rosa Luxemburg wurde, wie auch Karl Liebknecht, nach dem Scheitern des sogenannten Spartakistenaufstands in Berlin am 15. Januar 1919 von Freikorpsoffizieren ermordet.

Dass Kurt Körber die Mutter zur Mitbegründerin der USPD, was sie demnach schwerlich gewesen sein kann, stilisiert, ihr also eine historische Rolle zuschreibt, ist wohl als Verbeugung vor der »großen Mutter«, nicht als Kompliment für ihre politische Überzeugung zu verstehen. Warum sonst hätte er in dem nämlichen Brief »an die bösen Folgen« erinnert, »die Dein politisches Engagement für unsere Familie mit sich gebracht hat«. Gemeint ist, dass sein älterer Bruder Erich 1933 einer Aufforderung der Mutter gefolgt sei, der Frau und der kleinen Tochter eines jüdischen Arztes, den die Nazis »abgeholt« hatten, Beistand und Hilfe zu geben. Erich, damals Laborant bei Siemens, bat einen Arbeitskollegen, von dem er wusste, dass er auch eine kleine Tochter hatte, um Kleider für das Kind des jüdischen Arztes, wurde von diesem Kollegen aber »bei den Nazis wegen ›roter Hilfe‹ angezeigt. Erich kam ins KZ Sachsenhausen und wurde bei Kriegsausbruch in eine Strafkompanie an die Ostfront versetzt.« Er überlebte, aber »gesundheitlich angeschlagen«.

Dass Kurt Körber die so hoch geschätzte Mutter dafür in seinem Brief verantwortlich macht, legt den Verdacht nahe, dass er nicht nur seinen Bruder meint, wenn er schreibt, »dass unser viel zu früh verstorbener Erich in Deinem Lebenskreis doch ein wenig im Schatten stand. Er hat sicher darunter gelitten.« Man muss für möglich, sogar für wahrscheinlich halten, dass die politisch aktive Endzwanzigerin Rosa, der jugendliche »Blaustrumpf«, der sich nicht auf die Mutterrolle festlegen lassen wollte, gerade dann für die Familie, besonders für ihre Söhne, nicht genug mütterliche Zuwendung übrig hatte, als diese solche Zuwendung dringend gebraucht hätten. Diese These vertritt auch die Psychologin Dr. Hannelore Weise, die als ambitionierte junge Frau, die eigentlich Ärztin werden wollte, bei Körber als Chefsekretärin arbeitete, dann – mit seiner finanziellen Unterstützung – Psychologie studierte, promoviert wurde und in Körbers schnell wachsendes Unternehmen als Betriebspsychologin, Spezialgebiet Suchtberatung, zurückkehrte.

Sie hatte in Rosa Körbers Bergedorfer Domizil, das der Sohn für die Mutter hatte umbauen lassen, ein kleines Apartment und blieb manchmal dort über Nacht, wenn es in der Firma zu spät geworden war, um noch nach Hause, nach Hamburg-Eppendorf, zu fahren. »Das waren immer schöne Abende, wir saßen lange beisammen und erzählten. Rosa Körber war eine faszinierende Frau ... Sie war seine Mutter, und sie war sich dessen bewusst. Damit will ich sagen, dass sie ihn schon in der Kindheit bestimmt nicht immer so behandelte, wie er es gebraucht hätte. Die Wärme fehlte ganz einfach, und ich denke auch, er bekam nicht genug Lob und Anerkennung. ... Sie war auf sich bezogen, sie verfolgte ihre eigenen Interessen, die Kinder liefen vielleicht so mit, und ansonsten waren sie auf sich gestellt. So dass ich mir auch daraus erkläre, weshalb er (Kurt Körber) in späteren Jahren immer wieder versuchte, nun für sich die Trommel zu schlagen und auf sich aufmerksam zu machen. Diese Überbetonung, die auch gewisse Eitelkeiten einschließt, auch dann, als er das überhaupt nicht mehr nötig hatte, die hatte gewiss mit seinen Kindheitserfahrungen zu tun. Die müssen, so sehe ich das als Psychologin, teilweise traumatisch gewesen sein.«

In jenem Brief an die Mutter umschreibt Kurt Körber das so: »Jedesmal wenn ich mich in Gedanken mit Dir beschäftige, wird mir bewusst, dass Du bei Zusammenkünften in Gesellschaften stets im Mittelpunkt standest. ... Ich glaube sogar, im Mittelpunkt zu sein wie eine Bienenkönigin, war Dir einfach ein Bedürfnis.«

Hannelore Weise ist nicht die einzige Wegbegleiterin Körbers, die festgestellt hat, er sei »aus dem Einfluss seiner Mutter nie ganz herausgekommen, und das hat sie ihn auch immer spüren lassen«. Gespürt hat er es zweifellos. Die Mutter musste immer einverstanden sein mit seinen Unternehmungen. Und wenn es ihm mal wieder gelungen war, in der Zeitung zu stehen (und das gelang ihm oft), dann wurde der betreffende Artikel sofort per Boten zu seiner Mutter gebracht. »Sie war unheimlich stolz auf ihn«, so Frau Dr. Weise, »wozu sie auch guten Grund hatte. Und er war auch stolz auf sie.« Mutter war seine Vorzeigefrau. »Überall, wo sie auftrat, war sie ›Hahn im Korbe‹. Es war eine Freude anzusehen, wie sie sich noch im hohen Alter kleidete und zurechtmachte – man freute sich mit ihr darüber, wie sie das Leben genoss.« Aber eben nicht nur das. »Sie hatte auch diese andere Seite, hatte hohe Forderungen und Erwartungen an ihn, die ihn ärgerten. Manchmal wirkten sie maßlos.« Man könnte zu dem Schluss kommen, dass der ehemaligen

Sozialistin Rosa die »Sozialisierung« des Körber'schen Reichtums weit mehr am Herzen lag als die Sozialbindung des Eigentums, die Sohn Kurt auf seine Fahnen geschrieben hatte. Ihr Sohn war reich geworden, ein Millionär, der nun auch wie ein solcher leben und leben lassen sollte. »Da du viel Geld hast, musst du uns alle hier gut leben lassen«, so interpretiert Hannelore Weise die Forderungen der Mutter. »Sie machte das sehr geschickt, auch hinter den Kulissen. Und er entsprach dem, zähneknirschend zwar und auch nicht immer, aber sie setzte sich doch meist durch ... Und in dem Punkt war er (Körber) eben sehr sensibel, weil er ohnehin nie mit der Frage zurechtkam, mag mich jemand wirklich oder mag er meinen Einfluss und mein Geld?« In den frühen Jahren soll Körber manchmal gesagt haben: »Eigentlich möchte ich noch mal ganz von vorn anfangen, und zwar irgendwo, wo mich keiner kennt. Dann würde ich wissen, dass man mich meint und nicht mein Geld.«

Das muss man nicht unbedingt wörtlich nehmen, denn anerkannt und gelobt und gefeiert werden als reicher Spender wollte er doch auch. Aber es muss bitter für ihn gewesen sein, dass gerade die »große Mutter«, seine »innere Anstiftung«, wenig Verständnis dafür hatte, dass er nicht leben wollte, wie Millionäre üblicherweise leben. Ja, er hätte ein Anwesen auf dem Falkenstein hoch über der Elbe erwerben, dort Gesellschaften geben und sich in einem viertürigen Maserati durch Hamburg kutschieren lassen können. Aber er hätte nichts davon gehabt, mindestens hätte es ihm nicht zu einem gesteigerten Lebensgefühl verholfen. Zu tun, was andere Millionäre tun, hätte auch seine Eitelkeit nicht befriedigt. Es wäre nicht originell genug gewesen, kein Unikat, keine neue Erfindung, und nur die interessierten ihn wirklich. Kurt Körber war eben anders.

Seine Abneigung gegen demonstrativen Konsum passte im Grunde gut zu den Sitten und Gebräuchen der Hamburger Gesellschaft. Ein hanseatischer Millionär protzt nicht, er tritt auch nicht spektakulär in Erscheinung oder veranstaltet rauschende Feste, deren Teilnehmer dann in der Zeitung stehen. Er tut durchaus Gutes, gibt Geld für gemeinnützige Zwecke, aber er redet nicht groß darüber. Eine Tafel mit seinem, des Spenders, Namen an passender Stelle ist ihm recht, aber mehr muss nicht sein. »Der Kapitalist stiftet und schweigt« könnte eine hanseatische Devise sein.

Das mag helfen zu verstehen, dass Kurt Körber in der Hamburger Gesellschaft zwar als erfolgreicher Unternehmer hoch anerkannt war, sich aber nicht völlig integriert, nicht einmal richtig ernst genommen fühlte. Gewiss, er war zum Beispiel Rotarier, er gehörte der »Versammlung eines ehrbaren Kaufmanns zu Hamburg e.V.« an, die der Hamburger Privatbankier Alwin Münchmeyer in seiner Autobiografie einen alten Traditionsverein nennt, »steifer als gestärktes Leinen und ehrwürdiger fast als der Papst«. Körbers Firma war auch Mitglied im traditionsreichen Überseeclub. Helga Stödter, die Gattin des –

Körber durchaus wohlgesinnten – Reeders Rolf Stödter, der damals Präses der Handelskammer und Präsident des Überseeklubs war, hatte bei Kurt Körber, besonders bei seinen öffentlichen Auftritten, aber »das Gefühl, dass es ihm immer noch etwas ausmachte, nicht Akademiker und auch kein gebürtiger Hamburger zu sein ... Ich hatte manchmal auch das Gefühl, dass sein Selbstwertgefühl nicht immer ganz ausbalanciert war – um es vorsichtig auszudrücken.« Und die Hamburger Gesellschaft, so Helga Stödter, »war gegenüber manchen, die sie als Emporkömmlinge einstufte, auch sehr abweisend«.

Gewiss war der spendable Unternehmer Körber zuweilen auch in die privaten Villen einiger Protagonisten der Hamburger Wirtschaftselite eingeladen (oft wohl auch, weil man etwas von ihm wollte), zum Beispiel in das Haus Alwin Münchmeyers am Lusbarg auf der Elbhöhe, aber Ruth Körber, die Schwiegertochter seines inzwischen verstorbenen Bruders Erich, die ihn dabei begleitete, konnte sich des Eindrucks nicht erwehren, dass die versammelten waschechten Hamburger Kaufleute den zugewanderten, hier nicht geborenen »Quiddje« Körber aus Dresden, Maschinenbauer zu Bergedorf, nicht völlig ernst nahmen.

Der Gesellschaftsreporter des »Spiegels«, Peter Brügge, der 1966 ein sehr kenntnisreiches Buch über »Die Reichen in Deutschland« veröffentlicht hat, meint sogar, dass ein Mann wie Körber auch »in der reichen Demi-Society schon fast als Spinner« gegolten habe, »weil er sonntags knallige Bilder malt und immerzu mit aufgekrempelten Ärmeln die Umwelt verbessern möchte«. Das erste und wohl einzige Mercedes-Coupé, das er sich als Industrieller leistete, hat er wie ein Museumsstück auf dem Firmengelände aufstellen lassen, dazu ein Schild »Baujahr 1958. Im Einsatz bis 1974« – eine Geste, die in Hamburg wohl eher als Schrulle gewertet wurde.

Nun muss man sorgfältig unterscheiden zwischen der Hamburger Gesellschaft der Reeder, Banker und Import-Export-Tycoons, also der hanseatischen Wirtschaftselite, und der sogenannten Society. Laut Brügge hat es damals in Hamburg »eine klatschlüsterne, nahezu geschlossene Party-Gemeinschaft von etwa 300 Personen« gegeben, in der aber »weder die Familie Reemtsma noch Axel Springer, weder der mäzenatische Getreideimporteur Toepfer noch der mäzenatische Maschinenfabrikant Körber, weder die Politiker noch die Künstler der Stadt eine Rolle spielen« oder hätten spielen wollen. Allerdings waren Körbers Berührungsängste gegenüber diesem Segment der Hamburger Society deutlich geringer als die jener Wirtschaftselite, von der er doch gern als ein führender Mitspieler akzeptiert worden wäre. Er stand ja wirklich gern in der Zeitung, liebte öffentliche Auftritte und suchte die Nähe und die Zuneigung sowohl der Politiker als auch der Künstler der Stadt.

Er war nicht der Kapitalist, der stiftet und schweigt. Er hatte die Maxime »Tue Gutes und rede darüber« zu einem PR-Programm ausgebaut, in dessen Veranstaltungen er selbst Regie führte und auch der wichtigste Kommunikator war. Die Hoffnung, dafür den Applaus und die Zuneigung eines dankbaren Publikums zu finden, erfüllte sich oft deshalb nicht, weil Körbers Auftritte, jedenfalls für den Geschmack der Hamburger Gesellschaft, zu laut und manchmal sogar ein bisschen peinlich waren. Hinzu kam, dass der bezwingende, manchmal geradezu umwerfende Charme, den Kurt Körber im persönlichen Gespräch oder im kleinen Kreis entfalten konnte, vor einem größeren Auditorium meist versagte. Seine rhetorische Begabung hielt sich in engen Grenzen, und er wusste das wohl. Jedenfalls formulierte er die Reden, die er bei jeder passenden Gelegenheit hielt, nicht selbst, sondern nahm dafür mehrere – meist sehr gute – Redenschreiber in Anspruch.

Sein wohl wichtigster und auch als Ratgeber hoch respektierter Formulierer, der in gleicher Eigenschaft auch für die Kanzler Konrad Adenauer und Ludwig Erhard tätig war, der stellvertretende Hauptgeschäftsführer des Deutschen Industrie- und Handelstages in Bonn, Rüdiger Altmann, hat einmal gesagt, dass Körber »zwar keine intellektuelle, aber eine große geistige Originalität und Begabung besaß, die sich – was in dem Maße selten war – mit einer manchmal doch störenden Unbildung paarte«. Körber bestand zum Beispiel darauf, den Hamburger Ballett-Chef John Neumeier, für dessen Compagnie er viel Geld gespendet hat, als »unseren Joohn Neumaier« zu apostrophieren. Und die damalige Primaballerina Marcia Haydée, der Körber einen von ihm gestifteten Preis überreichte, hieß in seiner Preisrede »Marizia Heide«. Die Honoratioren im Parkett tuschelten. Dergleichen fand man in der hanseatischen Gesellschaft nicht komisch.

Die Stadt, die sich immer noch gern »das Tor zur Welt« nennt, hat denn auch sehr lange, bis 1991, gewartet und sich schwer damit getan, den bedeutenden Unternehmer und großen Wohltäter Körber zu ihrem Ehrenbürger zu ernennen. »Jede Ernennung«, sagt Henning Voscherau, damals Erster Bürgermeister der Hansestadt, »wird zum Problem, wenn sie zugleich unausgesprochen als Übergehung eines anderen wirkt.« Der andere war eben jener Hamburger Importeur Alfred Toepfer, ein Champion im internationalen Getreidehandel, ein Jahrzehnt älter als Körber und noch kein Ehrenbürger.

»Es war klar«, so Henning Voscherau, »dass die Ehrung Körbers ein Problem sein würde, im Hinblick auf Toepfer. Vielleicht gar nicht bei Toepfer selbst, aber in der Drittwirkung.« Was immer diese »Drittwirkung« gewesen sein mag – vielleicht die von kritischen Mitbürgern zuweilen geäußerten Zweifel am Vorleben der zu Ehrenden –, sie war wohl das eigentliche Problem. Denn Alfred Toepfer hatte die von ihm gestiftete »Freiherr-vom-Stein-Medaille für vorbildliches soziales Verhalten« bereits 1977 justament an Kurt Körber verliehen. Und so traf der Senat der Hansestadt schließlich die salomonische Entscheidung, beide Stifter gleichzeitig zu

Ehrenbürgern zu ernennen. »Der 90-jährige Toepfer und der 80-jährige Körber – das passte«, fand Henning Voscherau.

Es ist bemerkenswert, dass in Körbers Dankesrede sarkastische Töne anklangen, die er sonst nicht im Repertoire seiner öffentlichen Auftritte hatte: »Ich habe versucht festzustellen, welche Vorzüge und welche Annehmlichkeiten für mich mit der Verleihung der Ehrenbürgerrechte der Freien und Hansestadt Hamburg verbunden sind; wie zum Beispiel Befreiung von der Steuer oder Ähnliches. Man hat mir leider mitgeteilt, dass es als Ehrenbürger weder Rechte noch Pflichten gebe, aber wahrscheinlich, so hat man mir Hoffnung gemacht, darf ein Ehrenbürger in Hamburg umsonst auf der Straßenbahn fahren. Deshalb meine Bitte an den Senat: Sorgen Sie doch bald für die Einführung der Straßenbahn, damit ich auch einmal etwas umsonst haben darf.«

Es ist nicht auszuschließen, dass Kurt Körber sich mit der ihm bereits 1987 verliehenen Würde eines »Ehren-Alster-Schleusenwärters« wohler, sich jedenfalls besser verstanden gefühlt hat, obwohl es sich bei der verleihenden »Congregation der Alster-Schleusenwärter s. c.« (s. c. steht für symbolis causa) um ein eher kurioses Mixtum aus PR, Wirtschaft, Gastronomie und Showbusiness handelt. Immerhin soll von ihr eine Auszeichnung an Menschen, die »Tore öffnen für Hamburgs Image«, auch und gerade dann verliehen werden, »wenn sich der Senat schwertut mit der richtigen Zuordnung von Leistungen für unsere alte Hansestadt Hamburg«. Der erste Ehren-Schleusenwärter war der Barde Freddy Quinn, der zweite die Fußball-»Legende« Uwe Seeler, der dritte der Stimmungsmusiker James Last. Nummer neun wurde dann Kurt Körber, gleich nach seinem Freund Rolf Liebermann, dessen erfolgreiches Wirken in der Intendanz der Hamburgischen Staatsoper er mit erheblichem finanziellem Einsatz möglich gemacht hatte. In einer Laudatio der »Congregation« für Körber hieß es: »Er stand nicht, wie andere, die sich Mäzen nennen, inmitten seines Geldes Glorienschein, nein, er mochte sich viel eher in der Rolle eines ›Anstifters‹ sehen.« Solche Freundes-Töne zündeten bei ihm den schönen Götterfunken Freude.

Es wäre ein Missverständnis anzunehmen, dass Kurt Körber darunter gelitten habe, in der Stadt seiner Erfolge und seiner Stiftungen nicht wirklich zu Hause zu sein. Er war im Gegenteil stolz darauf, dass er, ein aus Dresden zugewanderter Berliner, es gerade in diesem selbstgewissen Hamburg so weit gebracht hatte. Außerdem dachte er ganz konkret personenbezogen. Hamburg – das war für ihn der gebürtige Schlesier Herbert Weichmann, der über Berlin und New York nach Hamburg gekommen ist und nach der Rückkehr aus der Emigration nicht nur Bürgermeister (von 1965 bis 1971) war, sondern »die große Vaterfigur der Stadt«, wie Helmut Schmidt es ausdrückte, ein weiser Patriarch. Hamburg – das war für Kurt Körber auch der Komponist und Intendant Rolf Liebermann, den er vierzehn erfolgreiche Jahre lang an die Hamburgische Staatsoper gebunden hatte; das war »unser Joohn Neumaier«, und das waren vor allem Helmut und Loki Schmidt. Sie waren die Menschen, in deren Namen er Preise stiftete oder Initiativen startete und in deren Gesellschaft er den s-teifen Hamburger »Pfeffersäcken« auch zeigen wollte, wie man Feste feiert. Dass Weichmann und Schmidt als profilierte Sozialdemokraten galten, war für Körber belanglos. Er interessierte sich für Schmidt, nicht für die SPD (er wählte diese Partei nach eigenen Angaben nur 1932), er interessierte sich für Richard von Weizsäcker, nicht für die CDU. Er interessierte sich für Walter Scheel und Hans-Dietrich Genscher, nicht für die FDP. »Er hatte«, das hat sein politischer Berater Rüdiger Altmann richtig erkannt, »kein Interesse daran, mit Sozialdemokraten über Marxismus zu streiten, und die Ideologie der CDU war ihm vollkommen gleichgültig.« So hatte er auch nicht das Bedürfnis, sich den Sitten und Gebräuchen der Hamburger Gesellschaft, über ein paar Äußerlichkeiten hinaus, anzuverwandeln.

Kurt Körber wurde zum »Hamburger von Gesinnung«, wie Helmut Schmidt gesagt hat, und es ist gut möglich, dass die weder zur Gesellschaft noch zur Society zählenden Hamburger dies besser verstanden und gewürdigt haben als die Angehörigen der Wirtschaftselite. Als nämlich 1989 die Leser des »Hamburger Abendblatts« und die Hörer von »Radio Hamburg« gefragt wurden, wen sie zum »ersten Hanseaten« wählen würden, entschieden sie sich mehrheitlich für Kurt Körber

(15,2 Prozent), gefolgt von Alfred C. Toepfer (12,3 Prozent), der Fußball-Ikone Uwe Seeler (10,2 Prozent) und dem Ohnsorg-Star Heidi Kabel (6,7 Prozent). Körber reagierte angemessen volkstümlich: »Diese Nachricht haut mich um.« Im Jahr darauf – und das hat ihm bestimmt gefallen – wurde Loki Schmidt zur »Hanseatin 1990« gewählt.

Die Frage, wo Kurt Körber sich wirklich zu Hause gefühlt hat, ist so einfach gar nicht zu beantworten. Es ist vorgekommen, dass er während der Fahrt zu einem Berliner Termin den Taxifahrer auf Umwege geschickt hat, um seinen Begleitern »mein Berlin« zu zeigen. Aber wahrscheinlich ist doch Sachsen seine wahre Heimat geblieben. Augenzeugen erzählen, dass Körber Ende der achtziger Jahre während einer in Dresden gestarteten Ausflugsfahrt auf der Elbe für Freunde und Manager seiner Firma mit Tränen in den Augen ein erzgebirgisches Heimatlied angestimmt habe: »'s is' Feierohmd, 's is' Feierohmd, das Tagwerk is' vollbracht, 's zieht alles seiner Heimat zu, ganz leise sinkt die Nacht.« Das Lieblingslied von Paul Körber erklang – gesungen vom Hamburger Opernstar Franz Grundheber – auch bei Kurt Körbers Beerdigung. Außerdem hat er, der in seiner Bergedorfer Fabrik keine Sirenen und auch keine Klingelsignale haben wollte, dieses Lied von einem (über 36 Lautsprecher innerhalb des Werkes verstärkten) Glockenspiel am Ende der täglichen Arbeitszeit erklingen lassen. Zum Arbeitsbeginn spielten die Hauni-Glöckchen übrigens »Üb' immer Treu und Redlichkeit«, das akustische Wahrzeichen der alten Potsdamer Garnisonskirche, und zu den Arbeitspausen intonierte das Glockenspiel »So leben wir, so leben wir, so leben wir alle Tage«, welch lustige Melodie ursprünglich dem »Dessauer Marsch« entstammte, benannt nach Leopold I., Fürst von Anhalt-Dessau, dem »Alten Dessauer«.

Am wohlsten gefühlt hat sich Kurt Körber am Tegernsee – so viel ist sicher. Er war dort »ein anderer Mensch«. Das hat er selbst gesagt, und das sagen alle, die ihn dort besucht und begleitet haben. Körber liebte die bayerische Atmosphäre, diese andere Art der Gemütlichkeit, die mit einer naturbelassenen, manchmal auch ungehobelten Menschlichkeit einherging, die ihm sehr behagte. Hier wurde er völlig anders behandelt als in Hamburg und verhielt sich demzufolge auch anders, nämlich freier, lockerer, ungezwungener. Hier empfand er offenkundig keine Defizite, die er durch große öffentliche Auftritte kompensieren musste. Hier hatte er seinen Auftritt schon, wenn er in eine Kneipe ging. Falls er wirklich mal inkognito bleiben wollte, musste er sich schon einen Bart ankleben – und tat es gelegentlich auch. Solange er anwesend war, wurde am Fahnenmast ein roter Gummiball gehisst.

Hier, in Bad Wiessee, hatte er sich, laut »Stern«, schon 1960, eher nebenbei und weil es eben gerade günstig war, ein Haus am Ufer des Tegernsees für 330 000 Mark gekauft (das zehn Jahre später 1,8 Millionen wert war), hat es aber nicht selbst genutzt, sondern vermietet, weil er, für weniger Geld, etwas fand, was ihm besser passte: ein eher bescheidenes Landhaus auf 4000 Quadratmeter Hanggrundstück mit schönem Blick über den See (für 290 000 Mark). Dieses Haus sollte sein Feriendomizil sein und wurde im Lauf der Jahre immer mehr zu seinem Refugium. Hier war er nicht der Industrielle, der »in Zigarettenmaschinen machte«, wie die Hamburger das nannten, und der sich um das Ansehen und die Zuneigung der dortigen Wirtschaftselite sorgte, auch nicht der große Stifter, der immerzu an hanseatischen Vorbildern gemessen wurde, anstatt einfach nur geliebt zu werden für seine guten Taten. Hier war er Mensch, hier durfte er's sein. Hier konnte er sein Haus anmalen, vorzugsweise mit fotorealistischen Abbildern seiner Frau und seiner selbst, ohne dass jemand die Nase rümpfte. Im Gegenteil: In Bayern hat diese Spielart der Dekoration als »Lüftlmalerei« Tradition und ist so beliebt, dass Körber gebeten wurde, noch sechs weitere ländliche Häuser zu bemalen, gegen einen Schinken oder dergleichen als Honorar.

Auf seinem Grundstück ließ er noch eine Hütte bauen, eine Art Blockhaus. Die Hütte diente als »Atelier« des Hobbymalers Körber, vor allem aber als Schauplatz zünftiger, meist ziemlich beengter Festlichkeiten. Körber, der in seinem Haus am Bergedorfer Pfingstberg höchst selten Gesellschaften gab, lud in diese Hütte oft und gern Freunde und Mitarbeiter ein, aber auch seine neuen Freunde aus der Umgegend, wenn sie Zither oder ein anderes geeignetes Instrument spielen und derbe Witze erzählen konnten. Er kleidete sich am Tegernsee, nicht nur bei solchen Gelegenheiten, wie ein Bayer. Und er übernahm folkloristische Eigenarten – insonderheit diese andere Art der Gemütlichkeit – auch in sein privates Ambiente; deutliche Spuren davon waren sogar in der Einrichtung seines Bergedorfer Hauses zu finden, was manche Besucher befremdete. Sie wunderten sich »über diesen übermäßig bayerischen, fast touristisch kommerziellen Geschmack«.

Gewiss war Kurt Körber auch am Tegernsee ein »Promi«, ein bekannter reicher Mann, nicht irgendein »Zugroaster«, aber er ging anders damit um als in Hamburg, und die Einheimischen taten das ohnehin; sie hatten ja Übung im Umgang mit betuchten »Preußen«, die an den Ufern des Sees ihre Ferien verbrachten oder einen zweiten Wohnsitz hatten. Körber wurde Mitglied im Rotary-Club in Weissach, zwischen Rottach-Egern und Bad Wiessee, als einer seiner lokalen Freunde, Dr. Heinz Laprell, dort Präsident war – und nachdem er dem Hamburger Rotary-Club am Dammtor, wo man ihn nicht für das Amt des Präsidenten nominieren wollte, den Rücken gekehrt hatte. Bei den Tegernseer Rotariern trat er auch als Vortragender auf, etwa im April 1990 zu dem – nicht eben anspruchslosen – Thema »Weltprobleme an der Schwelle des 21. Jahrhunderts«.

Sehr gern gesehene Gäste bei Körber in Wiessee waren die ebenfalls am See wohnenden Schauspieler Gert

Fröbe und Heinz Rühmann und der damals sehr populäre Rundfunkmoderator Fred Rauch, nur ausnahmsweise auch mal ein Politiker wie der urige Georg Leber, weiland Verteidigungsminister, oder Josef Ertl, der nicht minder urige Landwirtschaftsminister. Das Leben am Tegernsee war Körbers Kontrastprogramm.

Es war wohl so, dass er – angesichts seiner Berlin-Dresden-Hamburg-Konjunktion eigentlich ein klassischer »Saupreiß« – sich auch deshalb so demonstrativ bajuwarisch gab, weil er sich in dem Kernsatz des bayerischen Selbstwertgefühls »Mir san mir« (auch in dessen latenter Feindseligkeit) wiederfand: Er war er, und er war anders als die anderen – und er hatte das Sagen, immer, auch am Tegernsee.

Eine späte, aber typische Anweisung an die Hüterin seines dortigen Hauses zwecks Organisation eines Zusammentreffens mit Freunden lautet: »Liebe Theres, der Fahrer Obergrunsberger soll Prof. Heisig und Frau nicht am Franz-Josef Strauß Flughafen abholen, sondern am Samstag, dem 11. Juli (1992) um 13 Uhr 30, vor dem Hotel Vier Jahreszeiten in München. Als Erkennungszeichen soll der Fahrer eine Pappe mit der Aufschrift ›Körber‹ in die Hand nehmen. Das Pappschild soll Regina mit schöner Schrift anfertigen.« Unterschrieben: »Doci«.

Theresia Bichlmaier, ein »resches« Bayernmädel vom Tegernsee, war 25 Jahre lang die Haustochter des Ehepaars Körber, auch am Pfingstberg in Bergedorf; sie begleitete die Körbers sogar auf Reisen. Kein Zweifel, dass

Kurt Körber sie mochte; auf dem Porträt, das er von ihr gezeichnet hat, ist sie jung, hübsch, sexy. Allzu verwunderlich war es also nicht, dass sie von einem Tanz unterm heimatlichen Maibaum eines Tages schwanger wiederkam. Nachdem das Kind, ein Mädchen namens Regina, geboren war, blieb Theres als alleinerziehende Mutter und Hüterin des Körber'schen Hauses am Tegernsee. Körber billigte das nicht nur, er ließ eine eigene Wohnung für Mutter und Tochter an sein Haus anbauen und gewährte Theres dort Wohnrecht auf Lebenszeit. Auch die Tochter liebte er wohl sehr. Er nannte sie Engelchen – und für Regine war er der »Doci«.

Es gibt Weggefährten, die davon überzeugt sind, dass Kurt Körber der leibliche Vater von Theresias Tochter gewesen sei. Er war es nicht. Das wäre, bei aller Liebe, für ihn keine akzeptable Ergänzung der Kinderlosigkeit seiner Ehe gewesen. Außerdem ist Regines leiblicher Vater nicht nur von Person bekannt, sondern als regelmäßiger Zahler der Alimente sogar aktenkundig. Dessen ungeachtet hat Kurt Körber dem »Engelchen« Regine sozusagen fliegen geholfen. Als Regine elf Jahre alt war, warb er bei der Dominikanerinnen-Schwester Josefa Pußbas schriftlich darum, dass Regine »im Internat der Mädchen-Realschule Schlehdorf die christlichen Voraussetzungen für ihre weitere Lebensgestaltung erhält«, und verlieh dieser Werbung Nachdruck mit einem Scheck über 20 000 Mark »zur Förderung der Aufgaben des Klosters Schlehdorf«.

Dass Anny Körber nicht so gern und später auch nicht so oft an den Tegernsee reiste wie ihr Mann, dass Freunde sogar »gewisse Spannungen« zwischen ihr und Theres bemerkt zu haben glaubten, hatte wohl weniger mit Eifersucht zu tun als mit der Hoheit über dem Küchenherd. Das Haus in Wiessee war nun mal Theresias Reich, und dort wollte sie, mit dem Einverständnis des Hausherrn, auch kochen; das aber war ein Privileg, das Anny Körber nicht nur zu Hause in Bergedorf für sich in Anspruch nahm. Dass die Tegernsee-Theres ihrem »Doci« auf eine geradezu spirituelle Weise die Treue hielt, hat Anny Körber, die ein knappes Jahr vor ihrem Mann starb, nicht mehr erleben müssen. Es erwies sich dann auch eher als ein Problem für die Nachlassverwalter. Denn Theresia Bichlmaier wollte das Haus in Wiessee, als es verkauft werden sollte, nicht verlassen, und zwar nicht allein unter Berufung auf das ihr von Körber gewährte lebenslange Wohnrecht in ihrem Anbau, sondern weil sie es immer noch als ihre Pflicht ansah, das Haus, wie sie sagte, »tagfertig« zu halten – für den Fall, dass der Hausherr doch noch einmal wiederkomme. Theres schien das zu glauben, obwohl sie bei Körbers Beerdigung in Bergedorf dabei gewesen war.

Ein Weltverbesserer war Kurt Körber natürlich auch am Tegernsee. »Der Alltag zeigt sich mir überall so unvollkommen, so reformbedürftig, dass ich stets nach Lösungen suche«; nur hatten die Anstöße dazu hier mehr Lokalkolorit. Zum Beispiel in seiner oberbayerischen

Stammkneipe, der »Waldschänke«, zu der ein Forellenteich gehörte. Dort schreckte ihn eines schönen Tages – in Erwartung einer »Forelle blau« – ein gellender Schrei aus der Küche auf, und er eilte besorgt dorthin. Da stand Gustl, die »reizende Tochter« der Wirtin Auguste Eberl, und brachte es nicht übers Herz, eine frisch gefangene Forelle – wie sonst üblich – mit einem Knüppelschlag zu töten. »Die Lösung schwebte mir sofort vor«, so Körber, »schließlich war ich examinierter Elektroingenieur. Eine elektrische Fischtötungsmaschine sollte es sein. Mit einer Systemskizze gab ich diesen Auftrag an die Entwicklungsingenieure meines Unternehmens weiter.«

Aus den 10 000 Mark, die Körber für die Entwicklung bewilligen wollte, wurden am Ende 16 000. Aber der hübschen Wirtstochter musste geholfen werden. Obendrein hatte Gert Fröbe seiner Schauspielerkollegin Luise Ullrich von der Forellentötungsmaschine erzählt, und da die Ullrich mit einem Grafen zu Castell verheiratet war, der eine Forellenfarm besaß, stellte sie den Auftrag für eine Großanlage in Aussicht.

Aber als Körber das nächste Mal in die »Waldschänke« kam, fand er dort nicht seine Maschine an der Arbeit, sondern Auguste Eberl wie eh und je beim Töten der Forellen mit dem Holzknüppel. Die Maschine sei ja schon sehr praktisch gewesen, gestand die Wirtin kleinlaut, aber die per Stromstoß getöteten Forellen hätten ihren Gästen nicht mehr so gut geschmeckt. Enttäuscht kippte Körber die Pläne für die Fertigung einer Großanlage – nicht ohne ein bisschen gekränkt anzumerken, er selbst habe beim Verzehr elektrisch getöteter Forellen »keinen geschmacklichen Unterschied« feststellen können. »Bin ich jetzt ein Mensch ohne Geschmack?«

Solche Fehlschläge haben den Erfinder Körber aber nicht an seinem Tun irre werden lassen. Ihm war schon klar, dass er viel mehr »erfunden« hat, als je hätte realisiert werden können. Er hat immer wieder gesagt, das Entscheidende sei gar nicht das Erfinden, sondern das Aufspüren der »Marktlücke«, also die Erkenntnis dessen, was künftig gebraucht wird. Die Forellentötungsmaschine ist dafür ein gutes Beispiel: Die Idee zur Lösung des Problems hatte Körber sofort – Problemlösungen waren seine Leidenschaft –, aber die »Marktlücke«, also die Verwendbarkeit, die Brauchbarkeit der Erfindung beziehungsweise den Geschmack von Frau Eberls Gästen, hatte er falsch eingeschätzt.

Das ist ihm nicht nur einmal passiert. Ulrich Voswinckel, zeitweilig Geschäftsführer der Körber GmbH, später Vorsitzender des Vorstands und dann des Stiftungsrats der Körber-Stiftung, weiß: »Von diesen Ideen musste aber ein großer Teil wieder vom Tisch, weil sie nichts nützten. Ihm das beizubringen, war ein ganz schwieriger Prozess.« Oft gelang es, manchmal aber auch nicht, weil Körber auf einer Idee beharrte – wie auf der Forellentötungsmaschine. Die Maschine war gebaut worden, hatte funktioniert, und das war für Körber das Entscheidende; bloß die Idee dazu gehabt zu haben hätte ihm nicht genügt. Das praktische Scheitern dieser Idee hat er schnell »abgehakt«. Das konnte er deshalb so gut, weil das nächste, das neue Projekt – was auch immer es gewesen sein mag – ihn immer viel mehr interessierte als das gegenwärtige. Und wenn er mal sagte: »Ach, das ist doch Vergangenheit!«, dann knallte er sozusagen einen dicken fetten »Erledigt!«-Stempel auf den jeweiligen Vorgang und vergaß ihn schleunigst. Die Vergangenheit interessierte ihn vor allem deshalb weniger, weil man daran nichts mehr ändern konnte. Kurt Körbers Ziele lagen immer in der Zukunft, und er neigte dazu, diese Ziele immer noch ein Stück weiter nach vorn zu verlegen, auch wenn sie noch gar nicht erreicht waren. Kurt Körber lebte in der Gegenwart, aber »seine Zeit« war die Zukunft.

Dass die Ökologie in der Zukunft eine entscheidende Rolle spielen würde, davon war er früher als die meisten Männer der Wirtschaft überzeugt. Also sollte es ein Umweltzentrum der Körber-Stiftung geben, genannt »Pro Terra Forum«, und zwar in einem Turm, der das Planetarium im Hamburger Stadtpark deutlich überragte und in dem jedermann sich permanent über den ökologischen Zustand der Erde informieren konnte und über Strategien zum Schutz des Planeten Vorschläge machen sollte. Es ging Körber zunächst einmal um den großen Bau, in den er sich verliebt hatte und für dessen Planung er auch Beifall zu stimulieren verstand. Es muss für die führenden Leute seines Unternehmens in diesem Fall besonders schwer gewesen sein, ihm beizubringen, dass sein Vorhaben völlig unrealistisch sei, gefährlich aus dem Ruder laufen und dabei auch das strahlende Bild des erfolgreichen Unternehmers trüben könnte, auf das er keinesfalls verzichten mochte.

Mit diesem Argument mussten die führenden Mitarbeiter seiner Stiftung ihm in den achtziger Jahren auch ein Theaterprojekt ausreden, das er im Hamburger Freihafen ansiedeln wollte. Das Problem dabei war weniger das Theaterprojekt selbst, sondern Körbers Vorhaben, begleitend zu den Aufführungen den zollfreien Verkauf von Zigaretten zu organisieren. Erst als die zuständigen Hamburger Politiker ihm klarmachten, dass er mit seinem Vorhaben den Freihafenstatus in Gefahr bringe, verzichtete er darauf.

Als Ende der siebziger Jahre die Zahl der Banküberfälle dramatisch zunahm, fragte Karl Klasen, damals Präsident der Bundesbank, bei Körber an, ob er eine Idee habe, wie man Banküberfälle unmöglich machen oder zumindest erschweren könne. Und Körber verwies Klasen nicht etwa an die Polizei, sondern bildete einen Arbeitsstab »mit einigen jungen, begeisterungsfähigen Ingenieuren« und ließ beim Bundeskriminalamt recherchieren, dass Banküberfälle – jedenfalls die ohne Geiselnahme – nicht länger als zwei bis drei Minuten dauerten. Körbers erfinderische Reaktion: eine Zeitsperre. »Wir konstruierten einen Tresor mit Zeitsperre, der erst mit minutenlanger Verzögerung die Geldbestände freigibt und als Kompaktkasse ›Timelock‹ auf dem Tisch im Kassenraum der Bank montiert wird.« Auch wenn diese Erfindung offenkundig nicht alle Banküberfälle verhindert hat, was Skeptiker in Körbers Unternehmen vorausgesagt hatten – ein Geschäft war sie allemal. Der Tresor »Timelock« ist etliche tausend Mal ins Inland und auch ins Ausland verkauft worden.

Vermutlich wissen die wenigsten Menschen, die am Samstagabend der Ziehung der Lottozahlen zusehen, dass die Lostrommel, die sie gespannt beobachten, eine Körber-Erfindung ist. Es ist aber so. Zum 75. Geburtstag schrieb Jochen Richert von der Deutschen Fernsehlotterie »dem Erfinder der einmaligen Wundermaschine mit dem einmaligen Weltpatent, ohne die wir damals mit der Fernsehlotterie wahrscheinlich nicht weitergekommen wären«, einen überschwänglichen Dankesbrief: »Sie haben die größte Lostrommel der Welt, den ›Glückswirbel‹, entwickelt, gebaut und in Gang gesetzt, der im entscheidenden Augenblick dazu beigetragen hat, die gerechte Losverteilung und Mischung des Platzes an der Sonne – auch nach den gesetzlichen Bestimmungen – sicherzustellen.«

»Was nicht zur Tat wird, hat keinen Wert«, hat der Erfinder einmal gesagt. Wäre Körber ein Wissenschaftler oder ein Philosoph gewesen, hätte man dieses Diktum das Erste Körber'sche Gesetz nennen können. Nun war er aber, ungeachtet seiner unendlich vielen Ideen, ein Praktiker – und als solcher ein Empiriker, der in seinem unternehmerischen Umfeld nach der Devise handelte: »Man muss die Welt verbessern, und jetzt helft mir mal, darüber nachzudenken, wie wir dies und jenes konkret machen.« Und dabei galt dann das Zweite Körber'sche Gesetz: »Wenn ich etwas mache, muss es ein Unikat sein, muss es besser sein und höher bewertet als alles, was es bereits gibt.«

Was treibt einen Mann von Körbers eher bescheidenem Herkommen zu solchen Ansprüchen? Was sind überhaupt seine Antriebe, aus welchen geheimnisvollen Quellen speist sich seine hohe Motivation? Oder wie Herbert Weichmann einmal gefragt hat: »Was lässt die Uhren seines geistigen Gehwerkes und seines Temperaments eigentlich ticken?« Die Antwort, die Weichmann auf die selbstgestellte Frage gegeben hat, Kurt Körber habe eben »alle Sprühteufel eines Genies in sich«, ist ein hübsches Bonmot, aber keine Erklärung. Einer der bevorzugten akademischen Gesprächspartner Körbers, der Hamburger Universitätsprofessor Rudolf Haas, hat dieses Genie als »eine elementare Neugier« gedeutet, vergleichbar jenem »novarum rerum cupidus« des Julius Cäsar: »Es war die besagte Neugier des Genies, zu erfahren, was da läuft und was da ist, und er war jemand, der dauernd an der vordersten Front des Fortschritts der Wissenschaft zu finden war. Dazu gehörte natürlich auch die physische Kraft und die ungebrochene Spontaneität noch in höheren Lebensjahren, die solche Neugier am Leben hält.«

Kurt Körber hat das auf seine Weise bestätigt, obwohl er wusste: »Das Neue ist nicht immer das Gute. Viel öfter ist es ein Risiko; Gefahren wachsen auf uns zu. Ich gebe ja zu, dass wir manchen Grund zur Besorgnis haben. Aber meine Neugier ist größer als meine Befürchtung.« Er wolle gar nicht behaupten, hat er hinzugefügt, »dass meine Neugier ... eine Tugend ist. Aber mindestens hat sie tugendhafte Verwandte: den Mut (Spontaneität und Initiative eingeschlossen) und die Hoffnung, zum Beispiel.« Vor allem aber »heißt Neugierde für mich, mitreden wollen, mitmachen wollen«. Und das bedeutet, immer auch an den nächsten Tag glauben zu wollen.

Des Horaz berühmte Aufforderung, den Tag zu nutzen, hat Kurt Körber an eine Wand seines Hauses in Wiessee gemalt: »Carpe diem quam credula postero«. Das Zitat ist gefälscht, und kein Geringerer als Freund Weichmann hat Körber deshalb am Ende einer seiner Lobreden einen »Zitatenfälscher« genannt: »Horaz hatte geraten, nicht an den nächsten Tag zu glauben«: Carpe diem quam minimum credula postero. Das »minimum« hat Körber schlicht weggelassen. Aber diese »Fälschung« war gewissermaßen programmatisch, für den Erfinder wie auch für den Stifter Körber. Er dachte immer zuerst an morgen. Seine Blickrichtung war stets das Kommende.

Er hat eine automatisch gesteuerte Sender-Ableseskala für Rundfunkgeräte erfunden, als es noch kaum Radios gab, geschweige denn Volksempfänger, und auch nur ganz wenige Sender. Mit Radioempfangsgeräten durfte damals nur »experimentiert« werden, und auch das nur von jemand, der beim Zentralamt der Reichspost eine Prüfung abgelegt und eine »Audion-Versuchserlaubnis« erhalten hatte. Der 14 Jahre alte Bewerber Körber bestand die Prüfung als einer der Besten unter lauter erwachsenen Technikern und erhielt die Erlaubnis. Wenig später, mit 15 Jahren, schaffte er es sogar, seine Ableseskala in Berlin erfolgreich zum Patent anzumelden.

Da es nennenswerten Bedarf für ein solches Gerät noch nicht gab, nutzte Körber seine Versuchserlaubnis dazu, mit Anodenbatterien und Akkumulatoren betriebene Radiogeräte herzustellen, und zwar nicht nur ein paar, sondern ein paar hundert, und installierte sie auch selbst bei seinen Abnehmern. Als er die Herstellung der Geräte allein nicht mehr schaffte, engagierte er zwei pensionierte Reichsbahnbeamte, die »gegen Entgelt unter meiner Leitung« an den Geräten weiterarbeiteten, während er selbst, der Chef, weiter zur Schule ging. Er versäumte aber nicht, einen Gummistempel mit der Firmenbezeichnung »Ingenieur-Büro Kurt Körber« (samt Adresse und Telefonnummer seiner Eltern) anfertigen zu lassen, und verdiente Geld – nicht nur für ein Ingenieurstudium, sondern auch für »eine Klubsesselgarnitur aus feinstem Saffianleder«, die er seinen Eltern zu Weihnachten schenkte.

Als er, knapp 16-jährig, eine Lehre bei der Allgemeinen Maschinenbau-Gesellschaft AG in Chemnitz antrat, war er bereits Unternehmer, wurde auch bald ins Konstruktionsbüro der Firma als Zeichner übernommen, besuchte zuvor aber noch die »Höhere Abteilung« der Öffentlichen Handels-Lehranstalt zu Chemnitz. An dieser intensiven Förderung der technischen und kaufmännischen Fähigkeiten von Kurt Körber, dessen Leistungen als Grundschüler eher unterdurchschnittlich benotet worden waren (es wimmelte nur so von »genügend« und »ziemlich genügend«), hat sein Vater ohne Zweifel den entscheidenden Anteil. Der Bahnschaffnerssohn Paul Körber war selbst ein leidenschaftlicher Mechanikus. Er war an der Konstruktion des »Protos«-Automobils beteiligt, des ersten Kraftfahrzeugs, das um die Welt gefahren ist. Er arbeitete als Spezialist für Verbrennungskraftmaschinen zunächst bei Siemens-Schuckert und übernahm später eine leitende Position beim Motorrad- und Automobilhersteller DKW in Zschopau, wo er den Sohn auch hospitieren (heute würde man wohl sagen: jobben) ließ, während dieser am Technikum im erzgebirgischen Mittweida zusammen mit 2000 in- und ausländischen Kommilitonen sein Studium der Elektrotechnik (ohne Abschluss) absolvierte. Das Geld dafür hatte Kurt Körber, der sein smartes kleines Radio-Unternehmen nicht so schnell aufgegeben hatte, im Wesentlichen selbst verdient.

Als Student war er übrigens »berechtigt, die Farben der Burschenschaft ›Cheruskia‹ (blau-weiß-grün für Burschen, blau-weiß für Füchse) zu tragen«, wie ihm drei »Chargierte« im Oktober 1934 schriftlich bescheinigten. Außerdem wurde er Mitglied in einem Magischen Zirkel und lernte dort viele Zaubertricks, die ihm auch noch als erfolgreichem Unternehmer bei geselligen Veranstaltungen dabei halfen, im Mittelpunkt der allgemeinen Aufmerksamkeit zu stehen.

Noch spät im Leben hat Kurt Körber davon gesprochen, dass zu den Bildern seiner frühen Lebensträume die bündische Jugend, die deutsche Jugendbewegung der zwanziger Jahre, gehört habe. Ob eine solche Verbindung politisch eher »rechts« oder eher »links« einzuordnen war, hat ihn offenbar nicht interessiert. Er wollte dabei sein. Gefühlvoll hat er später von der Geborgenheit am Lagerfeuer und der Sehnsucht nach der Fremde gesprochen: »Aus grauer Städte Mauern ziehn wir in Wald und Feld – wir fahren in die Welt«, habe er damals gesungen. »Eine schöne Zeit für uns war das Wandern und Zelten im Erzgebirge. Mein Bruder spielte die Mandoline und ich die Gitarre, und Anny Hiller, die Tochter eines meiner ersten ›Kunden‹ als Radio-Verkäufer, war die Dritte im fröhlichen Bunde.« Es gibt ein jugendbewegtes Foto, das genau diese Konstellation zeigt.

Es existiert ein Tagebuch des jungen Körber aus dem Jahr 1927, dem zu entnehmen ist, dass er zu dieser Zeit nicht immer nur an seine Elektrikerlehre gedacht hat, und das auch zu jener Wanderfreundin Anny Hiller hinführt, die später seine Frau wurde. »Ich tanze gern und viel die schwersten Tänze«, notiert er im Februar 1927, »ich tanze nach Musik und nicht nach Tackt« (sic). Bei einer solchen Gelegenheit sah er »das Mädel mit dem breiten Stirnband und den großen tiefliegenden Kaninchenaugen, was bei mir in der Nähe wohnt. Ich tanzte mit ihr und presste ihren Körper fest an mich heran, ich kniff ihr in den Busen, sie freute sich schier, ließ alles geschehen und lachte. Sie muss wohl bekannt sein bei den Herren als Weib mit internationalem Weiblichkeitsgefühl. Ich liebe sie nicht, aber ihren Körper. Ich wollte sie fragen, ob ich sie nach Hause begleiten darf, ich wusste genau, dass ich keinen Korb bekommen hätte, trotz der vielen anderen ›nach Hause Begleiter‹. Doch frug ich sie nicht.« Denn es überfielen ihn plötzlich Zweifel, ob er für ein solches Abenteuer nicht doch zu jung sei. »Aber das Verlangen nach einem Mädchenkörper ist so stark«, dass es den Zweifel schließlich überwältigt.

Dass – und vor allem wie – dieses Verlangen erfüllt wird, verschweigt der junge Chronist seinem Tagebuch. Unter dem 8. März 1927 trägt er zwar noch »als besonderes Ereignis« ein, »dass ich eine neue schöne Freundin Anny bekommen habe, ich bin stark in ihr und Sie in mir verliebt (sic). Mit ihr verbrachte ich die schönste Stunde meines bisherigen Lebens und erhoffe derer viel mehr.« Aber dann verstummt der Chronist. Ein Jahr später, im Februar 1928, beendet er seine Eintragungen ins Tagebuch mit der Bemerkung: »Damit Du kein Verräter wirst und mir vielleicht Unannehmlichkeiten bereitest, vertraue ich Dir lustiges Buch nichts mehr an, denn das, was ich noch eintragen würde, ist so süß und schön, dass es auch ohne Dich in meiner Erinnerung haften bleiben wird.«

Anna Katharina Hiller aus Tischau, Bezirk Teplitz, in der damaligen Tschechoslowakei, dunkelhaarig und hübsch mollig, war ohne Zweifel das erste Mädchen, das der junge Kurt Körber »gehabt« hat; die fast sechs Jahre ältere Frau hat ihm wohl die wonnigen Wege der körperlichen Liebe gewiesen. Er selbst hat das später auf seine Weise bestätigt: »Die Anny war meine erste Mädchenbekanntschaft. Dabei blieb's dann auch. Was Frauen angeht, bin ich ein Konservativer.« Ob diese seine »erste Frau« auch die einzige Frau in seinem Leben geblieben ist, mag man in Frage stellen, es ist aber letztlich belanglos. Dass er seine »Annel« heiraten würde, stand wohl für Kurt Körber, aber offenbar nicht für Anny Hiller, sehr bald fest; außerdem waren sowohl seine als auch ihre Eltern dagegen. Kurt war zum Zeitpunkt der Eheschließung am 3. Juni 1933 in Berlin erst 23 Jahre alt, und Anny war nun mal sechs Jahre älter als er – damals Grund genug, am Erfolg einer gesellschaftlich derart unüblichen, um nicht zu sagen: unbürgerlichen Verbindung zu zweifeln.

Aber die übermächtige emotionale Bindung an die »erste Frau« war, zumindest für Kurt Körber, am Ende stärker als alle diese Zweifel. Und sie war offenkundig auch stärker als alle Unterschiede der Interessen und alle kaum vereinbaren Entwicklungen, die im Lauf der fast sechs Jahrzehnte des Zusammenlebens deutlich geworden sind.

Zwei Jahre nach jenem »besonderen Ereignis«, das er seinem Tagebuch nicht hat anvertrauen wollen, schreibt Kurt Körber der Liebsten einen Brief, in dem er seine Prämissen des Zusammenlebens mit einer Offenheit schildert, die man schonungslos nennen könnte, wenn der Brief nicht auch eine bindende Liebeserklärung wäre – das heißt, Kurt Körber erklärt am Ende, »dass ich Dich richtig und vernünftig liebe, und, dass ich bei Dir bleiben werde, das weiß ich ganz bestimmt«. Zuvor aber fragt er: »Annel, hast Du einmal richtig überlegt, was und wer ich eigentlich bin? ... Ich will meine Fehler nicht alle aufzählen, denn Du kennst sie ja. Doch das größte Übel ist, ich bin arg von Hause aus verwöhnt, dadurch vielleicht etwas eingebildet. Zum Beispiel kann ich es nicht und werde es auch nie vertragen, dass man mich mit irgendjemand anderem vergleicht oder auf gleiche Stufe stellt ... Das Nichtwollen kommt nicht von offener, reiner Überlegung, nein, ganz instinktiv tritt es zu Tage ... Als ich Dich noch nicht kannte, also vor 2 Jahren, hatte ich noch andere Ideale. Mein Beruf, mein Beruf, ein tüchtiger Ing. und nochmal mein Beruf, und dann, dann nebenbei Mädchenherzen erobern und zerbrechen ... Das alles natürlich nur eine Zeitlang. Heiraten wollt' ich auch früher schon, doch zunächst die Welt umspannen, kennenlernen und beherrschen.«

Dann erst, nach diesem erstaunlichen Selbstbekenntnis, kommt die »liebe Anny« ins Spiel: »Doch was ist aus mir geworden? Ich lernte Dich kennen und lieben. Lebe heute nur noch für und um Dich und schleife meinen Beruf so'n bisschen abseits neben mir her. Streben vergessen, Freunde vergessen, Sport vergessen, ja wo ist das handfeste Steuer?« Das will er wieder in die Hand bekommen – und zwar so: »Ich wollte ... schnell heiraten, dann hätte ich ein festes Ziel, es wäre etwas hart geworden, nur ich liebe etwas Hartes, es gibt Halt. Möglichkeit zum Heiraten bestand. Plötzlich kracht alles zusammen. Schluß, aus!!!«

Offensichtlich hat es »Krach« gegeben zwischen den beiden, Differenzen über die Prioritäten der Lebensplanung, die Rollenverteilung in der Ehe vielleicht; womöglich hatte Annel es sogar gewagt, ihren Kurt mit anderen Männern, gar Bewerbern zu vergleichen und Ansprüche an seine Zuwendung, ja an seine Lebensführung zu stellen. Und das hat er wohl nicht ertragen, das fand er sogar gefährlich: »Jetzt heißt es neue Ziele, neue Pläne. Alles würde noch einmal aufgewirbelt, die größte innere Disharmonie, viel Unvernunft. Jetzt wirst Du verstehen, wenn ich Dich in letzter Zeit ungewollt ärgerte.«

»Sie war eine einfache Frau«, erinnert sich beider Freundin Loki Schmidt. »Ich glaube nicht, dass sie viele Interessen hatte. Sie freute sich, dass sie lebte« – jedenfalls solange sie einigermaßen gesund war. Körbers beruflicher Aufstieg, meint Dr. Hannelore Weise, »war für seine Frau bestimmt nicht leicht. Darauf war sie nicht vorbereitet, aber – vielleicht muss man es aus heutiger Sicht sagen – sie hätte eventuell ein bisschen mehr dafür tun können, Sprachen lernen oder Ähnliches. Aber das tat sie alles nicht, sondern sie blieb sie selbst, dies allerdings in einer sehr feinen, freundlichen Form.« Die vielen gesellschaftlichen Verpflichtungen, die ihr Mann hatte und an denen er teilnahm, waren ihr eher lästig, und wenn sie nicht mitkam, dann lag das an ihr und nicht an ihm. Vorschläge für gemeinsame Unternehmungen kamen stets von ihm, nicht von ihr.

Es ist wohl so, dass die tiefe emotionale Bindung an die »erste Frau« seines Lebens auch Kurt Körber verändert hat – nicht nur, weil er nie auf die Idee gekommen wäre, sich bei Lebzeiten von ihr zu trennen. Die Medizinerin Dr. Maren Neumann, die Anny Körber sieben Jahre lang betreut hat, sagt: »Er ist ein Jahr nach dem Tod seiner Frau gestorben – das war nicht von ungefähr. Egal, was da alles war, wie sie zusammengelebt haben, das war eine Einheit geworden. Und er war nur noch ›halb‹, als sie gestorben war.« Sie hat ihn, vor allem in ihren letzten Lebensjahren, gewiss nicht mehr begleitet auf seinen vielen Wegen – aber sie war da. Und nun war er ganz allein. Er sagte oft, sein Engel sei jetzt gegangen. Loki Schmidt, die während der Trauerfeier neben ihm saß, sagt, sie habe nie zuvor – und dann auch nie wieder – einen Mann so herzzerreißend weinen sehen; sie wusste nicht mehr, woher die Taschentücher nehmen, um seine Tränen zu trocknen.

Die Fürsorge, die Körber seiner Frau im Alter – und besonders als sie dement wurde – hat angedeihen lassen, sucht ihresgleichen. Er hat ihr zuliebe sogar seine existentiellen Ängste vor Krankheiten und seine Weigerung, damit umzugehen, mindestens zeitweise unter Kontrolle gebracht. Die Reedersgattin Helga Stödter, die Körbers Wirken stets aus freundschaftlicher Distanz betrachtete, hat dafür die Formulierung »soziale Treue« gefunden – eine Bezeichnung, die nicht nur deshalb gut zu Körber passt, weil sie ein Unikat beschreibt, sondern weil sie, über den privaten Anlass hinaus, an die menschliche Substanz seines gesellschaftlichen Engagements rührt, also auch etwas über den Stifter Körber sagt.

Doch vor den Stifter hat der Kommerz, aber auch Kurt Körber selbst, den Unternehmer gesetzt, soll heißen: Der Stifter setzt den Unternehmer voraus – aber nicht irgendeinen Unternehmer, sondern den erfolgreichen, den profitablen Unternehmer. Der Unternehmer Körber hat nie einen Hehl daraus gemacht, dass es ihm auf den Profit ankomme, er hat ihn auch nicht semantisch getarnt als Gewinn oder als Unternehmenserfolg, sondern er hat bei manchen Gelegenheiten, etwa im Dialog mit Vertretern der marxistischen Wirtschaftstheorien, derart demonstrativ auf dem Profit, den er machen wolle, bestanden, dass man auf die Idee kommen konnte, er habe seine sozialistische Erziehung ausdrücklich widerrufen wollen. Auch die am Ende seines Lebens entstandene Autobiografie, an der freilich viele Beiträger und mehrere Formulierungshelfer mitgewirkt haben, trägt den Titel »Das Profit-Programm. Ein Unternehmer geht stiften« – und der ist ohne Zweifel Kurt Körber selbst eingefallen. Schon im Vorwort bringt er dieses Programm auf die von ihm immer wieder gern zitierte Formel: »Am Vormittag widme ich mich mit ganzer Kraft dem Profitmachen, dem Geldverdienen; am Nachmittag überlege ich mir dann, wie ich diese Profite gewinnbringend für die Gesellschaft, für das Gemeinwohl anlegen, ausgeben kann.«

Ganz so einfach wird es wohl nicht gewesen sein, und der Weg dahin war auch kein Spaziergang. Herbert Weichmann hat es in einer seiner Lobreden auf Körber so formuliert: »Ich vermag nicht zu sagen, ob er immer um seinen Weg wusste oder ob auf ihn jenes Wort eines alten Weisen zutrifft: ›Es gibt keinen Weg, der Weg kommt beim Gehen.‹« Eines hat Kurt Körber auf seinem Weg zum erfolgreichen Unternehmer freilich immer gewusst: wo er die besseren Chancen hatte als die Konkurrenten. Und er hat nie gezögert, dorthin zu gehen. Schon seine technische Lehre bei der Moll-Werke AG in Chemnitz hat er bereits im ersten Jahr 1924 abgebrochen, weil sich ihm die Chance bot, zu seinem eigentlichen Berufswunsch, zur Elektrotechnik, zu wechseln und eine Lehrstelle als Elektriker bei der renommierten Allgemeinen Maschinenbau-Gesellschaft AG in Chemnitz anzutreten. Und in der Wirtschaftskrise, die am »Schwarzen Freitag«, am 24. Oktober 1929, an der New Yorker Börse ausbrach und zur Weltwirtschaftskrise – in Deutschland zu mehr als drei Millionen Arbeitslosen – führte, brach Körber sogar sein Studium der Elektrotechnik am Technikum in Mittweida ab, weil er es für geboten hielt, sich schleunigst eine feste Stellung zu suchen, was ihm bei den Siemens-Werken in Berlin auch gelang – mit Hilfe einer Art Zaubertrick.

Herbert Weichmann hat Kurt Körber in jener Laudatio sogar mit Homers Odysseus verglichen, dem vielgewanderten, dem listenreichen. Was »unseren modernen Odysseus« von dem antiken Vorbild unterscheide, sei allerdings, dass dieser »wenn es irgend anging, immer seine Penelope bei sich« hatte. Und nicht nur das. Weichmann hat, in Anny Körbers Gegenwart, dem staunenden Auditorium erzählt, dass sie, damals noch seine Freundin, geholfen habe, den Weg aus dem Elternhaus frei zu machen, indem sie ihm dabei assistierte, den Brief einer Berliner Ingenieursfirma zu »organisieren«, einen Brief mit einem Stellenangebot, von dem besagte Firma gar nichts wusste.

Auch bei der Siemens & Halske AG wusste man nichts von dem listenreichen Kurt Körber, von seinen Talenten und seinen Ambitionen, als er sich dort im Dezember 1929 Zutritt verschaffte – mit Hilfe eines Ausweises, der noch nicht mal gefälscht war, denn er bestand nur aus einem Stück unbeschrifteter blauer Pappe, die Körber sich im Siemens-Ausweisformat zurechtgeschnitten hatte und wohlgemut hochhielt, während er in einem Pulk »echter« Siemens-Arbeiter das Werktor passierte.

Drinnen zog er auf der Toilette den in einer Aktentasche mitgebrachten weißen Kittel an, nahm den ebenfalls mitgebrachten Rechenschieber in die Hand, fragte sich zur Prüfabteilung durch und meldete sich bei deren Abteilungsleiter, Oberingenieur Harre, an – »wobei mir meine Kontaktfähigkeit die Vorzimmer-Barriere ohne Schwierigkeiten überwinden half«.

Oberingenieur Harre war wohl eher amüsiert als empört über Körbers Vordringen und dann wirklich beeindruckt von dessen Audion-Versuchserlaubnis, dem Senderskala-Patent und vor allem von Körbers Ideen, die »Selektivität« bei Rundfunkempfangsgeräten zu verbessern. Jedenfalls engagierte er ihn für seine Abteilung, und Körber beschäftigte sich mit dem Bau von Hochfrequenzverstärkern für Sender und Tonfilmaufnahmegeräte. Dass er damit nicht am Ziel seiner Wünsche war, dürfte ihm von Anfang an klar gewesen sein. Denn er verschaffte sich bei Siemens auch einen »wesentlichen Anteil an der Entwicklung eines Farbkontrollgeräts, das, mit einer Fotozelle ausgestattet, feinste Farbnuancen erfassen konnte. Die Erfindung dieser fotoelektrischen Apparatur sollte meinen weiteren Lebensweg bestimmen.«

Dass er damit auf eine Marktlücke gestoßen war, wurde ihm spätestens beim Besuch des technischen Direktors der Dresdener Maschinenfabrik Universelle klar. Der Mann suchte nach einer technischen Möglichkeit, die damals fast ausschließlich gebräuchlichen ovalen »Orientzigaretten« mechanisch so in eine Klappschachtel zu legen, dass die aufgedruckte Markenbezeichnung der Zigarette beim Öffnen der Schachtel gut lesbar war. Man nannte das »auf Spiegel legen«, und diese stupide Tätigkeit wurde damals von Tausenden Frauen und Mädchen per Hand besorgt, was weder ökonomisch noch hygienisch sinnvoll war. Das »von mir entwickelte Farbkontrollgerät« hingegen, das optische Impulse in mechanische Bewegung umsetzte, wurde »die Grundlage für die Konstruktion der ... sogenannten Spiegelpackmaschine, die in jeder Sekunde 25 Zigaretten wendete und ›auf Spiegel‹ in die Schachteln legte«.

Für Siemens war das eine Entwicklung unter anderen. In der Universelle hingegen, die das Gerät in Serienproduktion nahm, traf es auf eine Marktlücke. Also bewarb sich Kurt Körber am 23. Februar 1935 »mit deutschem Gruß« bei der Universelle Zigarettenmaschinenfabrik J. C. Müller & Co. in Dresden, natürlich nicht ohne zu erwähnen, dass er an der »von Ihnen verwendeten Zigarettenwende-Maschine ... zeitweise entwicklungstechnisch mitgearbeitet« habe. Als Gehalt schlug er 375 Reichsmark vor. Es war der Beginn einer Karriere, die ihn zum viele Millionen verdienenden Unternehmer machte.

Als Kurt Körbers Karriere begann, herrschten in Deutschland die Nazis und begannen, das Land aufzurüsten für einen Krieg, der sie zu Herren der Welt machen sollte. Die Universelle in Dresden war eine Maschinenfabrik und seit 1935, wennschon zunächst noch geheim, in die Aufrüstungspläne der Nazis einbezogen. Körber machte derweil dort Karriere durch jene Zigarettenwende-Maschine, die er – je länger, desto deutlicher – als seine Erfindung reklamierte. Er durfte die Maschine in mehreren europäischen Ländern montieren und warten; sogar noch 1939, im Jahr des Kriegsausbruchs, konnte er nach Kairo reisen.

Aber die Universelle galt der nazistischen Ideologie als »verjudet«, weil etliche tüchtige Leute dort Juden waren; der Inhaber J.C. Müller war Freimaurer. Jahrelang lavierte die Firma am Rande einer parteiamtlichen »Übernahme« entlang. 1942 schließlich wurde Müller für »untragbar« erklärt, in Gestapohaft genommen und gezwungen, die Leitung der Firma abzugeben an seinen Schwiegersohn Hans Schwerin, der als ehemaliger »Stahlhelmer« für die Nazis gerade noch annehmbar war. Aber Schwerin wollte und konnte einen so umfangreichen Betrieb gar nicht führen, weshalb ihm der vom Inhaber favorisierte, seit 1937 mit Prokura ausgestattete Kurt Körber zur Seite gestellt wurde. Nach eigenen Angaben war Körber von 1937 bis 1947 mit einem jährlichen Gehalt von 8500 RM »Direktor Werksleitung der Universelle«. 1944 wurde er Technischer Direktor der Universelle. Und da war er bereits seit vier Jahren Mitglied der NSDAP, Aufnahmedatum 1. Juli 1940, Mitgliedsnummer 8774440.

Aber Kurt Körber war kein Nazi. Dazu fehlten ihm nahezu alle Voraussetzungen. Politische Ideologien interessierten ihn nicht; er war zeit seines Lebens im Grunde unpolitisch. Seine Erziehung, insbesondere seine enge Bindung an die damals stramm sozialistische Mutter, schirmte ihn ab gegen die Lockungen der Nazis mit Vaterlandsliebe, Mannestugenden und Kameraderie. Sein zweiter Vorname war ganz gewiss nicht deshalb Adolf, weil seine Eltern schon 1909 oder irgendwann später Adolf Hitler für den Retter des Vaterlandes gehalten hätten. Und wozu die Nazis imstande waren, wusste Kurt Körber spätestens, seit sein Bruder Erich wegen dessen Bemühung um Hilfe für die kleine Tochter eines von der Gestapo eingesperrten jüdischen Arztes selbst ins KZ gesteckt worden war.

Aber wer damals gelebt hat, vielleicht schon beruflich engagiert war, der weiß (auch wenn er oder sie das später nicht oder nur ungern hat zugeben wollen), dass es so gut wie unmöglich war, Karriere gegen das Regime und seine allgegenwärtigen Schergen zu machen. Und Karriere machen wollte Kurt Körber. Das heißt, er musste sich arrangieren. Und das tat er auch, bereits als er 1936 in die Deutsche Arbeitsfront eintrat. Dass er seine NSDAP-Mitgliedschaft in allen seinen späteren Einlassungen nicht geleugnet, aber auf eine »Anwartschaft« 1944/45 reduziert hat, die wegen des Zusammenbruchs des NS-Regimes gar nicht mehr zur vollgültigen Mitgliedschaft werden konnte, mag man ebenfalls als Arrangement begreifen – nur diesmal bezogen auf seine Nachkriegskarriere, die unter dem Eingeständnis einer Parteimitgliedschaft seit 1940 womöglich hätte leiden können. Körber hatte wohl ähnliche Motive, aber eine andere Mentalität als der Parteigenosse Herbert von Karajan, der auch noch auf der Höhe seines internationalen Ruhms trotzig verkündet hat, er wäre sogar zweimal in die Partei eingetreten, wenn er nur so Chefdirigent der Berliner Philharmoniker hätte werden können.

Körbers Ehrgeiz war, dass die Universelle, als sie 1937 vom Rüstungsministerium endgültig in die Kriegsproduktion gezwungen wurde, nicht nur (wie schon im Ersten Weltkrieg) bloß Granaten drehen sollte. Er wollte komplette elektromechanische Baugruppen für die Rüstung herstellen und die dafür erforderlichen Fachkräfte dadurch buchstäblich unabkömmlich machen. Er wurde dann – was er wohl nur als NSDAP-Mitglied und Bevollmächtigter der Universelle werden konnte – zum Mittelsmann zwischen den Kommandostellen der Wehrmachtsteile und der Firma. Man könnte auch sagen: Er machte sich auf die Suche nach der »Marktlücke«, diesmal beim Oberkommando der Kriegsmarine, und erhielt prompt den Auftrag, eine Feuerleitanlage für Flakscheinwerfer zu entwickeln, ein sogenanntes Leitrichtgerät. So etwas gab es damals noch nicht: ein Gerät zur Ortung von Zielobjekten mit Hilfe eines elektronischen Auges, das Körber ja schon bei der Entwicklung der Spiegelpackmaschine verwendet hatte – eine Art Vorläufer des Radars. Nun konstruierte er mit seinem Stab von Ingenieuren das Scheinwerferleitrichtgerät und baute es – wieder mit durchschlagendem Erfolg.

Die Marine erzielte mit ihrer Küstenartillerie höhere Abschusszahlen als die Luftwaffe, die noch mit offenem Leuchtstrahl den Himmel nach feindlichen Flugzeugen abfingerte. Bei der Marine, die das Universelle-Gerät benutzte, wurden Scheinwerfer und Flugabwehrkanonen über Drehtransformatoren und »Stromtore« mit den vom Ortungsgerät kommenden Werten wie von Geisterhand präzis auf das Zielobjekt eingestellt. Erst wenn im Bildwandler des Leitrichtgeräts der Gegner sichtbar wurde, schoss der Lichtstrahl zugleich mit der Flakgranate in die Höhe.

Es war der Zivilist Körber, der die wohl traditionelle Rivalität der Wehrmachtsteile schließlich überwand und auch der Luftwaffe sein Leitrichtgerät zuführte. Das heißt, am Ende – und um Jahre zu spät – wurde die gesamte Flugabwehr der Luftwaffe auf Universelle-Geräte umgestellt, die nun von großen Betrieben der Rüstungsindustrie nachgebaut werden mussten. Dass Körber dies ohne eine ausdrückliche Order aus Berlin, etwa von Rüstungsminister Albert Speer, erreicht haben könnte, ist kaum anzunehmen. Gegen Ende des Krieges stellte die Universelle Feuerleitanlagen für die Flak, Torpedo-Anlassgeräte, Zündstellmaschinen sowie Einspritzpumpen für Flugzeugmotoren her, und noch kurz vor Kriegsende wurde Körber persönlich mit der Steuerung des gesamten Gasmaskenprogramms beauftragt – auch dies, zum Glück, zu spät.

»Ich wollte den Krieg gewinnen; dafür habe ich gearbeitet Tag und Nacht«, so hat Kurt Körber sein damaliges Handeln begründet. Das ist ein erstaunlicher Satz – eben weil er ihn rückblickend in einem »Welt«-Interview zu seinem achtzigsten Geburtstag gesagt hat. Muss man daraus folgern, dass er an den »Endsieg« geglaubt hat? Das muss man wohl eher nicht. Der Wahrheitsgehalt jenes erstaunlichen Satzes entspricht vermutlich dem des folgenden Satzes aus demselben Interview: »Da sind Leute zu mir gekommen und haben gefragt, warum ich nicht in die Partei eintrete. Ich hab' gesagt, ich hab' keine Zeit für euch. Macht ihr euren Krempel, ich mache meinen.« Und der war kriegswichtig.

Der Ingenieur Körber war ohne Frage stolz auf die technische Leistung bei der Konstruktion und Fertigung innovativer Rüstungsgüter. Zeitgenossen haben über den Kurt Körber jener Tage gemutmaßt, er habe eine Art innerer Emigration vollzogen. So wie manche in die Wehrmacht gingen, sei er wohl in diese Welt der Technik gegangen. Zunächst mal war das Konsumindustrie, und erst im Krieg wurde daraus dann diese Hightech-Rüstungsindustrie. Aber kann man sich einen Kurt Körber in der »inneren Emigration« vorstellen? Variiert dieser befremdliche Satz, einen Krieg gewinnen zu wollen, der längst verloren war, nicht einfach die Überzeugung, die Kurt Körber in allen Lebenslagen, in guten wie in schlechten Zeiten, im Frieden wie im Krieg, angetrieben hat: »Ich bin der Mann, der's besser kann!«?

Nein, Kurt Körber war kein Nazi, selbst wenn er Tag

und Nacht für den »Endsieg« gearbeitet haben sollte. Er wollte einfach immer gewinnen, wirklich immer. Als seine sowjetischen Biografen Wassiljev und Fraenkel ihm vorhielten, sogar mal einen Trinkspruch auf den Sieg und auf »den Führer« ausgebracht zu haben, und ihn fragten, ob er das getan habe, weil er befürchtete, sonst denunziert zu werden, antwortete Körber: »Nein, in derartigen Fällen trennte ich in meinem Bewusstsein die nazistischen Ideen von der Idee des Sozialismus und Deutschlands Macht und trank auf den Sieg meiner Heimat über die Feinde, die, wie man uns eingetrichtert hatte, in Unzucht, politischen Intrigen und abscheulichem Merkantilismus versumpft seien. Denn die Hitler-Propaganda mixte sehr geschickt Wahrheit und Lüge zusammen, und das Gebräu war eine Art Spiegelung der Gedanken und Gefühle vieler Menschen.« Auch der seinen also? Was ihm an Hitler gefallen habe, wollten die beiden Russen wissen. »Die gewaltigen Vorhaben, die Einheit von Wort und Tat, die Verherrlichung der Arbeit. Das Hitlerreich sollte das vieljährige Streben unseres Volkes nach Freiheit und Wohlergehen krönen.« Und dann zitiert Körber Goethes Verse über »der Weisheit letzten Schluss«: »Nur der verdient sich Freiheit wie das Leben / Der täglich sie erobern muss.«

Die sowjetischen Biografen bemühten sich sehr darum zu begreifen, »in welch zwiespältige Lage« die Ereignisse des Zweiten Weltkriegs Körber gebracht hatten: »Ja, es wurde auf den Sieg getrunken, aber zugleich wurde die Kriegsdienstbefreiung der Mitarbeiter von Universelle die Hauptsorge des jungen Technischen Direktors.« Das wurde sie in der Tat, wie mehrere Zeitzeugen bestätigen, und es ging dabei nicht nur darum, die Konstrukteure und andere unentbehrliche Fachkräfte so lange wie möglich vor dem Gestellungsbefehl und dem Abmarsch an die Front – Körber selbst sagte einmal »vor dem Heldentod« – zu bewahren, sondern es ging auch um Regimegegner, die in der Universelle untergekommen waren. Dabei riskierte Körber Kopf und Kragen. So jedenfalls sieht es sein erster Biograf, der Schriftsteller Martin Beheim-Schwarzbach – ein unverdächtiger Zeuge, denn er war 1939 nach London emigriert, dort Propaganda-Offizier der Abwehr geworden und 1946 als Mitglied der britischen »Control Commission for Germany« zurückgekehrt.

In seinem Buch »Bergedorfer Offensive« schreibt Beheim-Schwarzbach über den jungen Universelle-Direktor Körber: »Er hatte unter anderem Widerstandskämpfern und Juden, auch den in der Untergrundbewegung tätigen Männern Alfred Krill (Sozialdemokrat) und Rudolf Thiersch (Kommunist), dank seiner Position in der Universelle mit dreisten Unabkömmlichkeitserklärungen und Bürgschaften gegenüber der Gestapo Unterschlupf bieten können.« Dafür revanchierten sich die Beschützten nach Kriegsende gern.

Bedarf an Arbeitskräften wurde während des Krieges überwiegend mit der Zuweisung von Zwangsarbeitern gedeckt, auch in der Universelle. Es sollen zwischen Ende 1941 und Anfang 1945 dort etwa 3000 gewesen sein, darunter 800 Frauen aus dem KZ Ravensbrück. Mit dem Schicksal dieser geschundenen Menschen muss auch Körber konfrontiert gewesen sein. Dass er viel für sie tun konnte, ist nicht anzunehmen. Immerhin lässt sich belegen, dass er eine Mitarbeiterin aus der »spanischen Abteilung« der Universelle, Gisela Benfey, die nach den Nürnberger Gesetzen Halbjüdin war, nicht nur vor der Gestapo in Schutz genommen, sondern dann auch mit der Aufsicht über die Unterbringung der Zwangsarbeiter beauftragt hat – wohl auch, damit sie, wie ihre Kollegin Hildegard Neumaier vermutet, »aus dem Betrieb verschwand«, der ja Kontrollen der Gestapo ausgesetzt war. Eine der 800 Frauen aus dem KZ Ravensbrück, die bei der Universelle gearbeitet haben, eine »Politische« namens Rita Sprengel, erinnert sich unter anderem daran, dass »bei den schweren Luftangriffen auf Dresden wir Häftlinge bis Anfang Februar in unseren Schlafräumen unmittelbar unter dem Dach bleiben (mussten), von der SS eingeschlossen, die selbst in die Luftschutzbunker ging. Bei der Bombardierung am 13. Februar 1945 wurde der Betrieb Universelle schwer getroffen. Etwa die Hälfte der Häftlinge wurde dabei getötet oder verwundet.«

Die Zerstörung Dresdens durch die Angriffe englischer, amerikanischer und kanadischer Bomberverbände im Februar 1945 war für Kurt Körber ein »Schlüsselerlebnis« – vor allem weil er sie überlebt hat. Diese

Zerstörung der Stadt, die mit Flüchtlingen vor der heranrückenden Roten Armee überschwemmt war, »übertraf alles, was andere deutsche Städte im Verlauf dieses Krieges ... erlitten hatten«, so Beheim-Schwarzbach. Sie sei »nur noch von der Vernichtung Stalingrads und später von Hiroshima und Nagasaki übertroffen worden«. Bis zum 2. März 1945 wurden laut »Tagesbefehl Nr. 47« der Dresdener Ordnungspolizei »202 040 Tote, überwiegend Frauen und Kinder, geborgen. Es ist damit zu rechnen, dass die Zahl der Toten auf 250 000 ansteigen wird.« Das war Propaganda. Den neuen historischen Forschungen halten diese Zahlen nicht stand. Den Besatzungen der angreifenden Bomber vom Typ Lancaster und Halifax war bei der Befehlsausgabe erklärt worden: »Mit dem Angriff ist beabsichtigt, den Feind dort zu treffen, wo er es am meisten spüren wird. Hinter einer teilweise schon zusammengebrochenen Front gilt es, die Stadt im Zuge weiteren Vormarsches unbenutzbar zu machen und nebenbei den Russen, wenn sie einmarschieren, zu zeigen, was das Bomberkommando tun kann.«

Den ersten dieser Angriffe, am Abend des 13. Februar 1945, es war Fastnachtsdienstag, überlebte Kurt Körber »durch einen glücklichen Zufall«, so seine eigene Formulierung. Er hatte in der Universelle mit Zulieferanten verhandelt und wollte sich mit ihnen im Hotel »Stadt Weimar« in der Dresdener Innenstadt zum Abendessen treffen. Als er eben sein Büro verlassen wollte, erreichte ihn der Anruf »meines langjährigen Freundes Friedrich

Blechschmidt, der auf der Durchreise von der Ost- an die Westfront eine Nacht in Dresden Station machen konnte«, vielleicht auch nur ein paar Stunden. Es war wohl die letzte Gelegenheit, den alten Freund noch einmal zu sehen; Blechschmidt war offenbar in einer miserablen Verfassung. Körber sagte den Zulieferanten ab und traf sich mit dem Freund in Dresden-Blasewitz am Elbufer. Das Hotel »Stadt Weimar« in der Weissenhausstraße wurde vollständig zerstört, die Gäste gehörten zu den vielen Toten dieser Nacht.

Das Wiedersehen mit Blechschmidt »war nur wenige Minuten alt«, so Körbers eigene Schilderung, »als die ersten ›Christbäume‹ am Himmel das Abwurfziel für die Bomber markierten. Ich rannte über die Elbbrücke ›Das blaue Wunder‹ zu meinem Haus in Oberloschwitz, wo meine Frau bereits beim Löschen von Brandbomben war.« Das Haus in Oberloschwitz blieb zwar bewohnbar, seine Frau aber brachte Körber nach dem Ende der Februar-Angriffe doch lieber auf einem Bauernhof in Gottleuba unter. Er selbst bahnte sich einen Weg durch die von Tod und Verwesung gezeichnete Stadt, um nach der Universelle zu sehen. Das Werk war schwer getroffen, aber sein Büro war noch benutzbar; sogar das Telefon funktionierte. Körber machte sich ans Aufräumen.

Deshalb war er in der Universelle, als die Alliierten am 17. April 1945 bei Tag einen neuen Bombenangriff auf Dresden flogen. Diesmal litten besonders die Altstadt und die östlichen und südlichen Vorstädte. Auch die

Universelle wurde bis auf ihre Bunkerräume fast völlig zerstört. In einem dieser Schutzräume saß Kurt Körber mit etwa 40 Mitarbeitern der Universelle. Sie alle wurden durch Bombentreffer auf den Bunker verschüttet. Als sie zwölf Stunden später ausgegraben werden konnten, lebten noch 23 dieser Menschen, einigermaßen unverletzt, unter ihnen Körber.

Was geht in einem Menschen vor, der mit am Ende noch 23 Überlebenden in einem zerbombten Bunker auf Hilfe hofft? Gewiss betet er um seine Errettung, vielleicht versucht er, Gott oder dem Schicksal Angebote zu machen, etwa so: Wenn ich hier lebend herauskomme, dann will ich nur noch Gutes tun, will mich mit allen Menschen versöhnen, mit denen ich im Streit gelebt habe. Man kann das nur vermuten. Beheim-Schwarzbach, der mit Körber auch über das Dresdener »Schlüsselerlebnis« gesprochen hat, schreibt: »Körber aber hatte sich eines geschworen: wenn er diese Hölle heil überstünde, so wollte er sich nie mehr im Leben über etwas aufregen.« Das klingt sehr nach Understatement, Beheim-Schwarzbach war schließlich nicht nur deutscher, sondern auch englischer Staatsbürger. Körber selbst neigt im Rückblick seiner Autobiografie (wie auch sonst gelegentlich) zum Pathos des Grundsätzlichen: »Dieses Dresdener Inferno war ein Schlüsselerlebnis für mich, das mein ganzes weiteres Leben entscheidend beeinflusst hat und der wesentliche Grund dafür war, dass ich mich später mit meinen Stiftungsaktivitäten nachhaltig für die

Völkerverständigung eingesetzt habe.« Das mag so gewesen sein. Sicher ist, dass er nach dem Krieg in seinem Werk die zunächst nur unternehmensintern verlautbarte, später aber durch den Aufsichtsratsvorsitzenden Körber bekräftigte Anordnung traf, an der Produktion von Rüstungsgütern – oder auch militärisch zu nutzenden – Produkten keinesfalls mehr teilzunehmen.

Als die Rote Armee am 8. Mai in das zerstörte Dresden einzog, war Körber bei seiner Frau in Gottleuba. Dort erlebte er, wie Rotarmisten reagierten, wenn man ihnen – wie Körber – das Quartier zweier Landjahrmädchen zu verheimlichen versuchte; er wurde mit Gewehrkolben traktiert und mit Fußtritten eine Treppe hinuntergestoßen. Da beschloss er, doch lieber nach Oberloschwitz zurückzukehren, wobei er sich bei den russischen Kontrolleuren auf der Elbbrücke mit Baskenmütze, blau-weiß-rotem Bändchen im Knopfloch und Spazierstöckchen radebrechend als Franzose ausgab, der eine deutsche Braut mit sich führte.

»Die nun folgende Zeit war, wie es nicht anders sein konnte«, so Beheim-Schwarzbachs treffende Beschreibung, »eine Tragikomödie, eine Farce, eine Folge und Mixtur von Trauerspielen und Schelmenstücken, aber auch ein viele Monate währendes Geburtsweh zu neuen Lebensformen, für Kurt Körber und seine Universelle, wie für das ganze, nunmehr in Stücke gerissene Land.«

In Körbers Domizil in Oberloschwitz, das stehen geblieben war, wurde von sowjetischen Besatzungssoldaten bereits nach dem »Direktor Körber« gesucht, der die Übergabe der zerstörten Universelle-Werke an das »Volkskommissariat Nahrung und Genussmittel« vollziehen sollte. Dass er nicht der Eigentümer sei – Hans Schwerin war aus Dresden verschwunden –, sondern nur der Firmenleiter, interessierte die Besatzer nicht, wenn sie es denn verstanden. Am nächsten Vormittag erschien in der Universelle dann aber ein Oberst Judajew mit 300 Mann und einer hübschen Dolmetscherin namens Reya, Studentin aus Kiew, die als Zwangsarbeiterin Deutsch gelernt hatte, um das Werk im Namen der »Trophäen-Kommission« für das »Volkskommissariat Rüstungsindustrie« zu demontieren. Denn auch unter dem Faustrecht des Siegers, dem nun einfach alles »gehörte«, gab es die Rivalität diverser Dienststellen. Das war Körbers Glück. Oberst Judajew, im zivilen Leben ebenfalls Ingenieur, wurde so etwas wie sein Freund und Helfer.

Helmut Schmidt hat viel später einmal einen Mitarbeiter Körbers mit dem Satz zitiert: Wenn er in einer Betriebshalle hinfalle, schlage er sich das Knie auf; wenn Körber das Gleiche geschehe, finde er ein Fünfmarkstück. Judajew war so ein Fünfmarkstück.

Auf den ersten Blick war die Universelle nicht zu retten. Als wichtiger Betrieb der Rüstungsindustrie hatte sie keine Chance, den Reparationsforderungen der Besatzungsmacht zu entgehen, die sofort erfüllt werden mussten. 800 Werkzeugmaschinen wurden in der zerstörten Fabrik demontiert; im Juli 1945 verblieben dem Werk noch 80 Maschinen, die zum größten Teil schwer beschädigt waren. Außerdem war die Universelle pleite, denn Marine und Heer waren seit 1943 die Bezahlung der gelieferten Rüstungsgüter schuldig geblieben. Als die von der Besatzungsmacht eingesetzte provisorische Landesregierung zudem die Bankguthaben sämtlicher Betriebe einfror, war das Werk nicht mehr liquide, hatte aber 20 Millionen Reichsmark Verbindlichkeiten, vor allem Steuerschulden. Ein Wiederaufbau unter solchen Umständen erschien nahezu unmöglich.

Dass dennoch wieder so etwas wie Produktion in Gang kam, verdankte Körber einer Verkettung von glücklichen Umständen. Zum einen revanchierten sich die von ihm vor der Gestapo bewahrten Antifaschisten Krill und Thiersch jetzt mit massivem Einsatz für die Wiederaufnahme der zivilen Produktion der Universelle unter der Leitung erfahrener und technisch versierter Leute wie dem in der zivilen Fertigung bewährten Otto Raschke, der zum kommissarischen Betriebsleiter ernannt wurde und Körber als Stellvertreter zur Seite gestellt bekam. Zum anderen hatte Oberst Judajew sich nicht nur auf fachmännische Erörterungen mit Körber eingelassen, sondern auch sein Versprechen gehalten, die Zeichnungsunterlagen für die Maschinen zur Zigarettenherstellung unangetastet zu lassen; ja er hatte Körber sogar Werkzeugmaschinen aus der Demontage der Technischen Hochschule Dresden zugeschanzt, als er einmal nicht genug Güterwagen für deren Abtransport zur Hand hatte.

So begann die Universelle, nachdem die Trümmer einigermaßen weggeräumt waren, damit, aus dem restlichen Kriegsmaterial Gebrauchsgüter herzustellen: aus Torpedohüllen Öfen, aus Torpedoflossen Beile und aus Rudergabeln Nudelhölzer. Später kam Körber auf die Idee, etwa hundert übrig gebliebene Flakscheinwerfergehäuse in Wartehäuschen für Straßenbahnhaltestellen umzubauen und der Stadtverwaltung zu verkaufen. Die Idee, aus der Universelle einen Betrieb zur Reparatur für beschädigte Güterwaggons zu machen, erwies sich spätestens nach dem tausendsten reparierten Waggon sogar als lohnend.

In jenen Tagen ist Kurt Körber für die junge Bundesrepublik zu dem Gründerzeit-Unternehmer geworden, der er sein Leben lang geblieben ist. Dazu gemacht hat ihn das gemeinsam erlebte große Ereignis, aus Ruinen auferstanden zu sein. Wer miterlebt hat, wie Menschen ganz unterschiedlicher Herkunft und Gesinnung, die im Grunde damit beschäftigt waren, nicht zu verhungern und nicht zu erfrieren und ein halbwegs dichtes Dach über den Kopf zu bekommen, gemeinsam damit begonnen haben, den Schutt wegzuräumen und ihr heillos zerstörtes und zerrissenes Land wieder aufzubauen, der kann verstehen, dass Körber viele Jahre später mit einer gewissen Nostalgie jener Tage gedacht hat: »Es gab eine Zeit, in der die menschlichen Beziehungen im Berufsleben vortrefflich waren, nämlich kurz nach dem Kriege. Damals waren wir durch die gemeinsame Not, das gleiche unerbittliche Schicksal und durch die alle angehende Aufgabe, uns eine neue Lebensgrundlage zu schaffen, fest zusammengeschweißt. Zurückblickend können wir feststellen, dass es das große gemeinsame Erlebnis war, die uns vereinende Not des Krieges, die Vorurteile, Neid, Intrigen und Misstrauen in breiten Schichten minderten und beiseiteräumten.«

Er wolle sich dabei, hat er bei anderer Gelegenheit gesagt, »nicht zu sehr auf die Führungsleistung meiner Generation berufen. Die Schwierigkeiten der Nachkriegszeit waren als Herausforderungen leichter zu bewältigen, weil sie kein Ausweichen gestatteten. Wir mussten um unsere Existenz- und Zukunftssicherung kämpfen. Die gemeinsame Not mobilisierte die Antriebskräfte dazu, die mit zunehmendem Wohlstand immer mehr erlahmten.«

Was Kurt Körber auch unter den Gründerzeit-Unternehmern zu einer Ausnahmeerscheinung macht, ist seine Fähigkeit, das Gemeinschaftserlebnis als Antriebskraft und Motivation am Leben erhalten zu wollen, auch als sein Unternehmen schon weltweit etabliert war. Spät im Leben, als schwerreicher Mann und hoch gelobter Stifter, hat Körber die Frage, was ihn noch reizen könnte, so beantwortet: »Ein Gerät zu erfinden, das den Menschen die Dynamik, die Motivation einimpft, wie Not sie gebiert – aber ohne dass Not herrscht. Ich bin sicher, das wird nicht gelingen.« Es ist natürlich nicht gelungen, aber Körber brauchte auch kein solches Gerät; denn wo er war, da war immer Aufbruchsstimmung, Innovation; dort war nicht nur öfter mal, sondern immer etwas Neues.

Zur Ausnahmeerscheinung ist er zum anderen dadurch geworden, dass – und vor allem wie – er vom leitenden Angestellten eines von Enteignung und Staatskuratel bedrohten Betriebes zum selbstständigen, von fremdem Kapital unabhängigen Unternehmer auf dem internationalen Markt geworden ist. Das hat etwas von der berühmten Tellerwäscher-wird-Millionär-Geschichte – nur spielt sie eben nicht im Land der unbegrenzten Möglichkeiten, sondern im besiegten, zerstörten, geteilten Deutschland.

Auf seiner nächsten Wegstrecke – vom Versuch, die Universelle in Dresden zu retten, bis zur Gründung seines eigenen Unternehmens in Hamburg-Bergedorf – erwies sich »unser moderner Odysseus« nicht nur als der Vielgewanderte, sondern vor allem als der Listenreiche, zu dessen Grundausstattung die »tricks of the trade« ebenso gehörten wie dieser unerhörte Optimismus, der sogar aus der gemeinsamen Not noch Motivation, ja sogar Dynamik zu destillieren wusste. »Es war eine Umwelt entstanden«, so formuliert treffend Beheim-Schwarzbach, »in der alles und nichts möglich war, ein brodelnder Kessel von Unordnung und Mangel, Neugier und List, Resignation und entfesselter, doch auch gelähmter Energien. ... Jegliche unternehmerische Idee schien unmöglich und doch mit List und Tücke nicht von der Hand zu weisen. Daran gebrach es Körber nicht, ja seine Gaben wollten sich an den Perversionen der Situation, den Verzerrungen aller normalen Gesetze der freien Wirtschaft erst recht wetzen.«

Um den sich abzeichnenden sozialistischen Praktiken zuvorzukommen, gründete Körber mit Hilfe von zweihundert langjährigen Mitarbeitern eine Genossenschaft, als deren Geschäftsführer er von der Tochter des Universelle-Inhabers, Johanna Schwerin, die auch dessen Erbin war, den ungenutzten Firmennamen Calberla erhandelte, Räume bei der Universelle anmietete und den Geschäftsbereich Tabakindustrie übernahm. Abnehmer für die dort zu fertigenden Produkte fand er auch. Sein heimlicher Verbündeter Judajew hatte ihm geraten, sich bei der Sowjetischen Militäradministration in Berlin einen Reparationsauftrag über die Lieferung von 35 Zigarettenmaschinen für die Besatzungsmacht zu besorgen. Körber trampte mit einer Dolmetscherin nach Berlin, wurde bei Marschall Schukow vorstellig, bekam ihn natürlich nicht zu Gesicht – aber den gewünschten Auftrag mit Schukows Unterschrift. Das bedeutete: Der Bau von Zigarettenmaschinen konnte wieder beginnen und war vor weiteren Demontagen so gut wie sicher.

Zugleich aber wollte Körber den möglichen Bedarf für seine Produkte auch anderswo erkunden. Im Februar 1946, als überhaupt noch nicht sicher war, ob Deutschland nicht doch – wie in dem berüchtigten Morgenthau-

Plan vorgesehen – von jeglicher Industrie entblößt und zum Agrarland gemacht werden sollte, schlüpfte Körber unter dem sich allmählich senkenden Eisernen Vorhang durch und gelangte in Vieh- und Güterwagen, auch mal im Kohlentender einer Lokomotive und in langen Fußmärschen über die verschneite grüne Zonengrenze nach Hamburg, um bei den früheren Kunden der Universelle, also vor allem Reemtsma, British American Tobacco (BAT) und Kyriazi, vier Wochen lang künftige Absatzchancen zu erkunden. Diese erwiesen sich, gemessen an den Lebensbedingungen in dem zerstörten Land, als ziemlich gut. Die genannten Firmen brauchten dringend funktionierende Zigarettenmaschinen und hätten sie auch bezahlen können. Körber hauste derweil im Wohnwagen eines Zelluloseherstellers namens Schmid in Altona, den er in seiner Eigenschaft als Gasmaskenprogramm-Beauftragter kennengelernt hatte. Er besaß zwar keine Lebensmittelkarten, war aber ganz gut versehen mit der Tauschware Zigaretten. Es war die Zeit der »Zigarettenwährung«.

Übrigens hatte Körber schon 1937 seinem Mentor Johann Carl Müller, dem Inhaber der Universelle, dringend ans Herz gelegt, nach Hamburg zu gehen, denn Dresden erschien als Metropole der Tabakindustrie dadurch bedroht, dass sich deren Zentren immer mehr um die Zollhäfen Hamburg und Bremen zu gruppieren begannen. J. C. Müller hielt zwar große Stücke auf den jungen Körber – »Das ist der Mann, der baut mir 'ne Straße zum

Mond« –, aber auf den Weg nach Hamburg wollte der alte Müller sich nicht machen.

Man darf getrost annehmen, dass Kurt Körber schon in diesem Frühjahr 1946 beschlossen hat, sich in Hamburg niederzulassen und dort, mit oder ohne Universelle, Zigarettenmaschinen zu produzieren. Bestärkt in diesem Beschluss hat ihn zweifellos die Tatsache, dass er bei der Rückkehr nach Dresden seine neu gegründete Calberla-Genossenschaft aufgelöst fand, weil sie, so der spätere Innenminister der DDR, Max Fechner, nicht den politischen und ökonomischen Voraussetzungen in der Sowjetischen Besatzungszone entspreche. Die Universelle-Werke kamen unter Zwangsverwaltung, Otto Raschke wurde als kommissarischer Treuhänder eingesetzt, und nach der Vereinigung von SPD und KPD zur SED im April 1946 war die Universelle auf dem Weg zum volkseigenen Betrieb, VEB Nagema, Tabak- und Industriemaschinen, Dresden. Aber vielleicht hat auch Oberst Judajew den Ausschlag gegeben, als er Körber vorschlug, mit ihm zusammen in die Sowjetunion zu gehen und dort, mit Judajews Protektion, Leiter eines Industriekombinats zu werden. In der sowjetischen Besatzungszone, so Judajew in schöner Offenheit, solle er jedenfalls nicht bleiben, wenn er auf einen grünen Zweig kommen wolle. Spätestens jetzt wurde Körber klar, dass er in den Westen gehen müsse.

Das war nun aber keine heimliche Reise über die grüne Grenze mehr, sondern ein offizieller Vorgang im allmählich kälter werdenden Krieg der Systeme in Ost und West. Ein Vorwand war schnell gefunden: Beschaffung der nur im Westen erhältlichen Kugellager zwecks Ausführung des Reparationsauftrags für die sowjetische Besatzungsmacht. Auch gelang es Körber, glaubhaft zu machen, dass er einen Ingenieur, Erhard Grimm, und eine Sekretärin, Annemarie Kämpfe, auf diese Reise mitnehmen müsse. Alle drei wurden vom NKWD, der geheimen Staatspolizei, vernommen und sogar zur Ausspähung industrieller und militärischer Vorgänge im Westen verpflichtet, bevor sie ihren »Propusk«, ihre interzonale Reiseerlaubnis, bekamen. Die war auch deshalb vonnöten, weil die Absicht einer Rückkehr nach Dresden zumindest offenbleiben musste.

Große Zweifel an Kurt Körbers »politischer Verlässlichkeit« hatten die Sowjets und ihre deutschen Statthalter offenbar nicht. Schon seit dem 4. April 1946 war Körber im Besitz einer »Bestätigung über den erbrachten Nachweis der antifaschistischen Betätigung«, ausgestellt von einem »Sonderausschuss des Blocks der antifaschistisch-demokratischen Parteien«, der Körber »einen bewussten Kampf gegen den Nazismus« und sogar die Weigerung, »der Nazipartei beizutreten«, bescheinigte. Es ist anzunehmen, dass die von Körber in der Universelle beschirmten, im Untergrund tätigen Antifaschisten Krill und Thiersch zu dieser »Rehabilitierung« beigetragen haben. Nicht nur in dem zitierten Papier, sondern auch in einer eidesstattlichen Versicherung gegenüber dem

Polizeipräsidium Dresden wird an der Version von Körbers NSDAP-Anwartschaft »von 1944 bis Auflösung« festgehalten.

Obendrein verfassten Betriebsrat Alfred Krill und der kommissarische Betriebsleiter der Universelle, Otto Raschke, am 8. Juli 1946 einen Brief an die von der Besatzungsmacht eingesetzte Landesverwaltung Sachsen, Amt für Betriebsneuordnung, worin dem mit »Generalvollmacht« ausgestatteten »Obering.« Kurt Körber nicht nur bescheinigt wird, im Westen »für die bei uns vorliegenden Reparationsaufträge Einkäufe zu tätigen«, sondern in einem Postscriptum auch dies: »Körber ist mir, der Betriebsvertretung und der übrigen Belegschaft als zuverlässiger Kollege und Genosse der SED bestens bekannt.«

Selbst wenn dies nicht eine gezielte Fehlinformation gewesen, sondern Körber tatsächlich der SED oder einer der in ihr vereinigten Parteien, also SPD und KPD, beigetreten sein sollte, so hätte dies mit der Politik der genannten Parteien nichts zu tun. Kurt Körber war so wenig Sozialist, wie er Nazi war, und Parteien hat er immer, auch als er längst im Westen lebte, gemieden – selbst dann noch, als ehrenwerte Freunde wie die Hamburger Bürgermeister Max Brauer und Herbert Weichmann, der ihn einmal sogar zum Kultursenator machen wollte, ihm den Eintritt in die SPD antrugen. Seine Unabhängigkeit war ihm stets wichtiger. Die Entscheidungen, die er für richtig hielt, von fremden Interessen, etwa gar von einer

Parteilinie, beeinflussen zu lassen – das hätte er nicht ertragen. Wenn Körber tatsächlich in die SED eingetreten sein sollte – was sich nicht mehr zweifelsfrei belegen lässt –, dann als Mittel zum Zweck: der ungehinderten Ausreise in den Westen nämlich. Und da er jetzt sicher war, dass er nicht auf Dauer in den Herrschaftsbereich der sowjetischen Besatzungsmacht oder der DDR zurückkehren wollte, wäre die SED-Mitgliedschaft sowieso ohne jede praktische Konsequenz geblieben, ein Stück Papier – und Körber eine Karteileiche.

Zu sagen, Körber habe, clever wie er nun mal war, die Gunst der viel beschworenen Stunde Null genutzt, wäre naiv und zeitgeschichtlich falsch. Theodor Eschenburg, der bedeutende Staatsrechtler und Kommentator der Zeitgeschichte, hat dazu das Nötige gesagt: »Die Stunde Null kann nur nutzen, wer die Dispositionsfreiheit besitzt. Über sie verfügten allein die vier Besatzungsmächte. Die Deutschen hatten sie nicht.« Und von den Besatzungsmächten hatte nur die Sowjetunion eine politische Konzeption, »nämlich die Anpassung ihrer Zone an ihr politisches System«. Und genau dem wollte Kurt Körber entkommen.

Die Geschichte vom Aufbau des Körber'schen Industrie-Imperiums in Bergedorf bei Hamburg ist vom selben Stoff, aus dem Legenden sind – was Wunder, dass sie mit so mancher Legende garniert ist. Eine davon hat kein Geringerer als Helmut Schmidt gelegentlich und (gewiss bona fide) verbreitet: die Geschichte nämlich, dass Körber 1946 nur mit einer Aktentasche voll Konstruktionszeichnungen in Hamburg angetreten sei. Genau die aber fehlten ihm. Sie waren, wie auch viele Patente, im Besitz der Universelle, und die Auseinandersetzungen um deren Nutzung haben den – letztlich unvermeidlichen – Bruch zwischen dem Mutterhaus in Dresden und der Hanseatischen Universelle, abgekürzt Ha-Uni, sicherlich beschleunigt. Der Weg zum Aufbau einer eigenen Produktion war lang und voller Stolpersteine, aber Kurt Körber fand, sogar ohne hinzufallen, auch auf diesem Weg noch so manches Fünfmarkstück.

Eine andere Legende rankt sich um den 14. Juli 1946 als – virtuelles – Gründungsdatum des Hamburger Unternehmens, dessen »sentimental birthday« sozusagen. Sie hat zu tun mit einer anfangs noch funktionsfähigen Telefonzelle beim oder im stark beschädigten Hamburger Dammtorbahnhof, von der aus Körber mit seinen Kunden zu verhandeln begann und die er deshalb »mein erstes Stadtbüro« taufte. Ganz in der Nähe, in der Moorweidenstraße 34, hatten Kurt Körber, Erhard Grimm und Annemarie Kämpfe, als sie am 13. Juli nach strapaziöser Reise Hamburg erreichten, eine Bleibe gefunden. Den 14. Juli, Annemarie Kämpfes Geburtstag, will das Trio mit einem Bad in der Elbe bei Nienstedten begonnen und danach in einer traditionsreichen Gaststätte namens »Jacob« hoch über der Elbe mit Muckefuck, den man in Sachsen »Bliemchenkaffee« nannte, begossen haben, bevor man mit dem Telefonieren in der Dammtor-Zelle begann. Selbst wenn die drei Badegäste die 12 Kilometer Entfernung zwischen der Moorweide und Nienstedten in beiden Richtungen irgendwie überwunden haben sollten – »Jacob«, heute als Louis C. Jacob ein hochgeschätztes Hamburger Nobelhotel, war 1946 noch von der Royal Air Force mit Beschlag belegt, war dann vorübergehend ein Waisenkinderheim und erst seit 1948, nach der Währungsreform, wieder auf dem Weg zur traditionsreichen Gaststätte.

Es ist erwähnenswert, dass Körber diese Episode seinen »russischen Biografen« viele Jahre später ganz anders erzählt hat: »Wir badeten, fuhren Boot, an den schäbigen Imbissstellen am Strand tranken wir Malzbier und bestellten dazu dünn belegte Brote.« So mag es gewesen sein.

»Anfangs«, hat Annemarie Kämpfe, später verehelichte Smaczny, erzählt, »war ja auch ein ›Gspusi‹, so könnte man sagen, aus Dresden hierher gekommen. Sie ging dann allerdings wieder zurück – was ihn, oder besser gesagt wohl beide, sehr bewegte.« Auch Hildegard Neumaier erinnert sich, dass Körber sie gefragt habe, ob sie bei einer »privaten Übersiedlung« helfen könne; »aber dazu kam es dann aus mir unbekannten Gründen gar nicht«. Auch eine deutsch-deutsche Legende?

Körbers Hamburger Aktivitäten dienten zu diesem Zeitpunkt offiziell noch dem Zweck, eine Vertretung der Universelle im Westen einzurichten, eine Art Filialgründung also – obwohl allen, die Körber kannten, hätte klar sein können, dass ihm das nicht genügen würde und dass er seine Zukunft nicht als Filialleiter eines volkseigenen Betriebs sehen wollte. In einem Brief an den kommissarischen Direktor Otto Raschke und den Betriebsratsvorsitzenden Alfred Krill vom 6. November 1946 machte er das schon ganz deutlich. Er betrachte es zwar »als meine Pflicht, mitzuhelfen, dass der Universelle ihre wirtschaftliche Bedeutung und damit ihr Weltruf erhalten bleibt. Ich lehne es jedoch grundsätzlich ab, ein subalterner Kommunalbeamter zu werden, der nur Befehle ›von oben‹ auszuführen hat. ... Umso mehr will ich jedoch von dem demokratischen Recht Gebrauch machen, mitbeeinflussend in die Geschicke des Werkes einzugreifen. Darauf haben wir, glaube ich, einen größeren Anspruch als irgendein noch so hoher Staatsbeamter oder dessen Dienststelle. ... Es ist sogar unsere Pflicht, und das möchte ich nicht zuletzt als vielleicht zukünftiger Mitarbeiter eines Staatsbetriebs sagen, dass wir uns gegen eine industrielle Vermassung der staatlichen Produktionsstätten wehren müssen.«

Dass zu solcher Gegenwehr niemand in der sowjetisch besetzen Zone wirklich eine Chance hatte, dürfte Körber gewusst haben. Auch deshalb wohl kommt er dann auf die Standortvorteile Hamburgs und mithin die Kunden der Universelle zu sprechen. »Die Erkenntnis dieser Dinge verpflichtet uns zu der Maßnahme, hier nicht nur eine Vertretung zu unterhalten, sondern auch durch eine produktionsfähige Werkstatt vertreten zu sein. Ich bin fest überzeugt, dass wir zu dieser Maßnahme auch ohne verlorenen Krieg und Zonengrenzen gekommen wären.« Zur Errichtung einer produktionsfähigen Werkstatt aber brauchte er Konstruktionszeichnungen und Patente. Und die waren bei der Universelle in Dresden.

Also mahnte Körber wiederholt die Übersendung von patentierten Zeichnungsunterlagen und Ersatzteilen an, die er zur Bedienung der Hamburger Kunden dringend brauchte. Diese Kunden zu finden und mit ihnen wieder ins Geschäft zu kommen, war nicht allzu schwierig. Kurze Zeit nach seiner Ankunft in Hamburg hatte Körber mit Annemarie Kämpfe und der bereits im Westen lebenden, aus der Nähe von Göttingen angereisten Gisela Benfey die Frauen an seiner Seite, die, ebenso wie die später aus Dresden nachrückende Hildegard Neumaier, »die ganzen Adressen der früheren Kunden und der Vertreter im Kopf (hatten), und so haben wir in Hamburg angefangen, zu ihnen wieder Kontakte zu knüpfen«. Wo die »produktionsfähige Werkstatt« entstehen könnte, das hatte Körber schon bei seiner ersten Hamburg-Reise mit Hilfe von Philipp Reemtsma ausgekundschaftet: nämlich bei der Hanseatischen Lehrenbau-Gesellschaft (HLG) in Bergedorf, deren Gebäude nicht beschädigt waren, die aber als früherer Rüstungsbetrieb ganz oben auf der Liste der zu demontierenden Betriebe stand. Am 25. Juli 1946 schloss Körber mit der Geschäftsführung der HLG einen Vertrag und richtete in einem kleinen Büroraum und in einem Kellerraum dieses Werkes die

Keimzelle seines später weltweit operierenden Unternehmens ein.

Kurt Körber war, samt seinem »Vorauskommando«, in eine Stadt gekommen, in der deutlich mehr Gründerzeitstimmung herrschte als in anderen deutschen Trümmerstädten. Gewiss, ökonomisch orientierungslose Menschen in geflickten Militärklamotten auf der Suche nach etwas zu essen und ein bisschen Brennholz gab es auch in Hamburg, aber die Stadt war bereits 1943 bei Bombenangriffen schwer zerstört worden, und seither wurde aufgeräumt; vor allem aber war die Stadt bei Kriegsende kampflos den Siegern übergeben worden. Auch hatten die britischen Bomber Teile der City und einige Straßenzüge an der Binnen- und der Außenalster relativ unzerstört gelassen. Zu den noch teilweise nutzbaren Gebäuden gehörten das Verlagshaus Broschek an den Großen Bleichen sowie das Pressehaus am Speersort, wo bereits vom 21. Februar 1946 an »Die Zeit« erscheinen konnte. In dieser Stadt war Kurt Körber nicht der einzige Optimist, der sich an den Wiederaufbau machte. Zur gleichen Zeit bemühte sich zum Beispiel ein gewisser Axel Springer intensiv darum, aus dem Altonaer Verlag Hammerich & Lesser, der seinem Vater Hinrich gehörte, so etwas wie den Grundstein für sein Zeitungs- und Zeitschriftenimperium zu machen. Und an Springers Seite war ein Mann, der, wie Körber, »alle Sprühteufel eines Genies in sich« hatte: Eduard Rhein, später erster Chefredakteur der Radiozeitschrift »Hör zu«, die mit ihren Millionenauflagen das Springer-Imperium wirtschaftlich auf den Weg gebracht hat. Das Universalgenie Rhein, er schrieb auch äußerst erfolgreiche Sachbücher und – unter Pseudonym – Fortsetzungsromane, war, wie Körber, ursprünglich ein leidenschaftlicher Techniker an der Schwelle des Rundfunkzeitalters und Erfinder. Das »Füllschriftverfahren«, das die Langspielplatte für lange Zeit zum wichtigsten Speichermedium für Musik machte, war seine Erfindung.

Aber sowohl Körber als auch Axel Springer brauchten zur Verwirklichung ihrer Pläne vor allem Lizenzen – Springer von den für die Information zuständigen Stellen der britischen Militärregierung, Körber darüber hinaus auch von der Dresdener Universelle. Und beide machten Probleme.

Die letzte funktionierende Produktion in Zusammenarbeit zwischen der Universelle und der Hamburger »Filiale« war die Herstellung eines Handtabakschneiders, den Körber noch in Dresden für den Bedarf der zahlreichen Menschen erfunden hatte, die mangels besserer Versorgung ihren Tabak selbst anzubauen begonnen hatten. »Die kleinen Schneideapparate«, so Körber, »wurden in meiner Bergedorfer Fabrikation in großer Stückzahl hergestellt und erwiesen sich als Verkaufsschlager der Jahre 1946/47« – jener Zeit der »Zigarettenwährung«. Zuvor aber mussten die Materialien für die Produktion dieser Apparate über die immer weniger durchlässige Zonengrenze nach Hamburg geschmuggelt werden. Bezahlt wurden sie mit fünf Fässern Heringen, die Körbers Leute ohne Bezugschein, mit Hilfe von Zigaretten, für die Dresdener »organisiert« hatten.

Dann aber ging so gut wie nichts mehr zusammen. Die Dresdener bezeichneten im Sommer 1946 die »Abteilung Universelle in der HLG« als »Vertragswerkstatt unter Führung von uns abgestellter Fachspezialisten«. Körber hingegen warb in einer Fachzeitschrift der Tabakindustrie damit, dass ehemalige Fachleute der Universelle nun für ihn tätig seien – was nicht aus der Luft gegriffen war, in Dresden aber großen Ärger hervorrief. In dem mörderisch kalten Hungerwinter 1946/47, in dem viele Menschen angezogen mit Mänteln ins Bett gingen, gefror auch das Vertrauen zwischen dem Dresdener Stammhaus und seinem technischen Direktor Körber. Im Januar 1947 legte er den Dresdenern schriftlich die Gründe dafür dar, dass er sich mit seiner Firma selbstständig machen wolle. Am 14. Juli 1946 gründete Körber die Hauni-Maschinenfabrik Körber & Co. K.G. Hamburg zunächst intern, also ohne Eintragung ins Handelsregister, und vor allem ohne mit den Dresdenern eine Vereinbarung über die künftige Zusammenarbeit und über Lizenzen erzielt zu haben.

Dennoch behauptete Körber am 15. Februar 1947 in einem Rundschreiben an seine potenziellen Kunden, seine neu gegründete Firma sei »mit dem Lizenzbau und mit dem Vertrieb aller Erzeugnisse der Firma Dresdener Universelle für die tabakverarbeitende Industrie im gesamten westlichen Gebiet betraut worden«. Das war nicht nur dreist, sondern auch riskant, wegen nun drohender Prozesse mit dem Mutterhaus, von dessen Produktionszeichnungen die Hauni mindestens am Anfang abhängig war. Erst im März 1947 kam es zu einer ersten Vereinbarung zwischen Universelle und Hauni, die Körbers Firma in den westlichen Besatzungszonen »auf eigene Rechnung und Gefahr die Alleinberechtigung des Vertriebs und der Herstellung von Ersatzteilen, Maschinen und Anlagen des Produktions- und Vertriebsprogramms im Rahmen des von der Uni(verselle) Dresden jeweils festzulegenden Ausmaßes« zusicherte, allerdings mit der Auflage, einen noch festzulegenden Anteil des von der Hauni erzielten Gewinns an die Universelle abzuführen.

Dass Körber sich nicht an eine so kurze Leine legen ließ, war zumindest ihm selbst klar. Für ihn war völlig inakzeptabel, von den unberechenbaren Entscheidungen der die Universelle wirklich steuernden staatlichen Instanzen auf diese Weise abhängig zu werden. Also griff er zwar auf Bauunterlagen für Zigarettenmaschinen aus Dresden zurück, kümmerte sich aber immer weniger um die Vorgaben und die Ansprüche von dort. Es ist nicht mit Sicherheit zu sagen, wie viele Produktionsunterlagen Körber nach seiner Firmengründung noch aus Dresden bekommen hat. Die erste von Hauni hergestellte Zigarettenmaschine vom Typ »Excelsior-Rapid KDC« war eindeutig eine Entwicklung der Universelle.

Risikoscheu war der Hauni-Gründer jedenfalls nicht. Dass auch sein Selbstvertrauen nicht gelitten hatte, zeigt zum Beispiel dieser Satz aus seiner Selbstdarstellung im »Profit-Programm«: »Da anfangs noch Hoffnung bestand, dass sich der Eiserne Vorhang zwischen Ost- und Westdeutschland wieder einmal heben würde, hielt ich es für ratsam, den Kontakt zur Universelle in Dresden nicht abzubrechen.« Also reiste er, was in Anbetracht der gespannten Situation mit einem hohen persönlichen Risiko verbunden war, noch einmal nach Dresden. Da es sich aber als aussichtslos erwies, den immer noch ausstehenden Lizenzvertrag mit dem nicht wirklich entscheidungsbefugten Treuhänder Raschke abzuschließen, ging Körber, auch auf Raschkes Rat, zum Vorsitzenden der Deutschen Wirtschafskommission in der DDR, dem Altkommunisten Fritz Selbmann – und kam wie gerufen. Denn Selbmann suchte gerade Kontakt zum Hamburger Wirtschaftssenator Otto Borgner, den er von gemeinsam im KZ verbrachten Zeiten her kannte und mit dem zusammen er die Einrichtung eines interzonalen Warenaustausches versuchen wollte, um wenigstens die wirtschaftliche Kooperation zwischen West- und Ostdeutschland nicht ganz in die Brüche gehen zu lassen.

Körber war in dieser Sache sehr gern Vermittler – »Das war die Keimzelle des späteren Interzonenhandels« – und wohl auch erfolgreich: »Auf der Leipziger Messe im Herbst 1947 kamen unter meiner Regie 17 westliche

Experten, darunter fast alle Wirtschaftsminister, mit Vertretern des Ostens zusammen.«

Den von Körber gewünschten Lizenzvertrag ließ Selbmann seinen Ministerialrat Kurt Gregor aushandeln, der vordem Ingenieur der Universelle gewesen war. Bei den Lizenzgebühren handelte Gregor seinem früheren Chef stattliche 20 Prozent auf sämtliche Umsätze mit Universelle-Erzeugnissen ab, was Körber aber in keiner Weise beunruhigte: »Denn schon zum damaligen Zeitpunkt gab es keine Transferzahlungen von West- nach Ostdeutschland mehr. Ich konnte also die Lizenzgebühren voll auf meine Verkaufspreise aufschlagen und gegenüber der Steuer eine entsprechende Rückstellung vornehmen. Nach der Währungsreform erwiesen sich diese Rückstellungen als Grundlage für die Finanzierung meines Unternehmens.« Das ist richtig – auch wenn DM-Zahlungen in die Sowjetzone erst am 6. Dezember 1948 in einer Durchführungsverordnung zum sogenannten Umstellungsgesetz gesetzlich untersagt wurden. Aber Körber war seiner Zeit eben immer schon voraus.

Es kamen die Monate der Berliner Blockade und der Luftbrücke; der Kalte Krieg wurde spürbar kälter. In dieser Zeit, nach Kurt Körbers erster Reise in die USA, kam es zur endgültigen Emanzipation der Hauni von der Universelle, die jetzt Nagema (VEB) »Tabakuni« hieß, und zwar in einem Vertrag vom 25. Mai 1949. Darin wurden die Produktions- und Vertriebsgebiete der beiden Firmen festgelegt, scharf voneinander getrennt durch den

Eisernen Vorhang. Es wurden auch Lizenzabmachungen getroffen, die aber unter den geltenden Bedingungen notwendig zum Streit führen mussten. Denn nach der bundesrepublikanischen Rechtsprechung konnte die Nagema in den Westzonen keinen Anspruch auf Lizenzgebühren geltend machen. Mehr noch: In der Sowjetzone enteignete Firmen wurden im Handelsregister gelöscht. Zahlungen westlicher Schuldner an solche Firmen wurden sogar strafrechtlich verfolgt. Körber musste der Nagema mitteilen, dass Lizenzzahlungen in Sachen Universelle an sie nicht mehr möglich seien und daher bei der Hauni auf einem Lizenzkonto zurückgestellt würden. Allzu schwer dürfte ihm das nicht gefallen sein.

In den Monaten der rechtlichen Auseinandersetzung mit der – inzwischen gegründeten – DDR um diese Lizenzgebühren sammelten sich auf dem Rückstellungskonto der Hauni beträchtliche Beträge an, auf die auch das Finanzamt nicht zugreifen konnte. Nach westlicher Rechtsauffassung stand dieses Geld allein den rechtmäßigen Eigentümern der enteigneten Betriebe zu. Johann Carl Müller war tot, sein Schwiegersohn Hans Schwerin in russischem Gewahrsam, blieben also Müllers Tochter Johanna Schwerin und deren Tochter Anneliese.

Körber konnte – und wollte – diesen erbberechtigten Teil der Inhaberfamilie keineswegs umgehen. Aber eine alle Beteiligten (ausgenommen die DDR) befriedigende Lösung zu finden, stellte selbst den Listenreichen vor erhebliche Probleme. Körbers Darstellung im »Profit-

Programm« verkürzt den auch juristisch äußerst komplizierten Vorgang der Problemlösung auf dessen Ergebnis, enthält aber alle für Körber entscheidend wichtigen Punkte und sei deshalb hier zitiert:

»1948 habe ich die letzte Eigentümerin der Dresdener Universelle, Frau Johanna Schwerin, überredet, in die Bundesrepublik überzusiedeln, wo sie ja nicht enteignet war und somit Anspruch auf die zurückgestellten Lizenzbeträge hatte. Wir trafen eine Vereinbarung, der zufolge sie die Lizenzgelder (1951 waren das 40 000 DM, 1957 dann 200 000 DM; Anm. des Autors) in meinem Unternehmen beließ und stattdessen als Kommanditistin eine 20prozentige Teilhabe an den Hauni-Werken erhielt. Mit ihrem Tode im Jahr 1979 wurden vereinbarungsgemäß ihre Erben von mir ausgezahlt (auch der 1950 aus der Gefangenschaft zurückgekehrte Hans Schwerin hat abgefunden werden können) und schieden aus meinem Unternehmen aus, womit ich wieder alleiniger Inhaber wurde.«

Das Thema Stiftung spielte auch schon in den Einigungsgesprächen mit den Erben von J. C. Müller eine wichtige Rolle. Kurt Körber erklärte seinen Gesprächspartnern, dass er auf jeden Fall eine Stiftung errichten werde, von der zehn Prozent der Firmenerträge für wissenschaftliche und fünf Prozent für soziale Zwecke verwendet werden sollten, und empfahl den Müller-Erben dringend, ihren 20-prozentigen Anteil an den Firmenerträgen ebenfalls in eine Stiftung einzubringen. Frau

Schwerin und ihre Angehörigen folgten diesem Vorschlag und gründeten die »Johann Carl Müller-Stiftung«. Dass diese Stiftung als erstes Projekt ein Studentenwohnheim mit 180 Wohnplätzen in Bergedorf errichten ließ, dürfte auch etwas mit dem Einfluss von Kurt Körber zu tun gehabt haben. Jedenfalls vermittelte er den Bauherren den Architekten. Und das Bauwerk passte zu den Ausbildungsstätten, die er selbst in der Region errichtet hatte und noch errichten wollte. Als »sehr bedauerliche Fehlleistung« empfanden die Müller-Erben allerdings, dass Körber in einem Fernsehinterview, vor den Toren ihres Studentenwohnheims, später einmal nur von seiner Stiftung und nicht von der Johann Carl Müller-Stiftung redete. Immerhin: Körber hatte auch diese »erfunden«.

Die Geschichte des Wachstums der Bergedorfer Hauni zu einem mächtigen Werk, das auf dem Sektor Filterzigarettenmaschinen den größten Teil der Weltproduktion für sich beanspruchen konnte, klingt »wie ein Roman« – das hat Kurt Körber selbst gesagt, weil nämlich dieses Wachstum »ohne jegliche Fremdfinanzierung« erreicht worden sei. Es war aber kein Roman. In der Realität war das Anfangskapital der Hauni-Werke ein »blanko« gewährter Kredit der Frankfurter Bank in Frankfurt/Main, angestoßen von Johanna Schwerin, die 1947 bei einem zufälligen Zusammentreffen mit dem Bankier Hermann Janssen, der gerade in den Vorstand jener Bank eingetreten war, von Körbers Bergedorfer Anfängen quasi aus dem Nichts erzählt hatte. Janssen wiederum berichtete über dieses Gespräch sehr viel später, im Jahr 1992, brieflich dem ihm offenbar befreundeten Bundespräsidenten Richard von Weizsäcker, nachdem er von dessen Auftritt beim 75. Geburtstag Körbers gehört oder gelesen hatte. Weizsäcker nannte Janssens Geschichte in seiner Antwort »ein überzeugendes Beispiel vom sicheren Blick eines Bankiers und von den fruchtbaren Folgen seines gegenüber dem richtigen Menschen angewandten Vertrauens«. Und das war sie ja auch.

Der Unternehmer Körber hat, und daran ändert solche Startfinanzierung im Grunde gar nichts, eisern an dem Grundsatz festgehalten, keine Schulden zu machen. Die Hauni hat zum Expandieren dann auch kein fremdes Kapital mehr gebraucht.

Nächst diesem Beharren auf der Souveränität und Entscheidungsbefugnis des alleinigen Eigentümers sind es vor allem zwei Eigenschaften, die den Gründerzeit-Unternehmer Kurt Körber zu einer Ausnahmeerscheinung machen: Die eine ist die Fähigkeit, eine permanente Aufbruchsstimmung zu erzeugen – und zwar durch das gemeinsame Erlebnis: »Wir brauchen gemeinsame Erlebnisse. Nach dem Krieg war die Not das gemeinsame Erlebnis, die kann man nicht erzeugen, aber das gemeinsame Erlebnis, das wohl.« Die andere Fähigkeit ist die Gabe, im richtigen Moment eine Marktlücke zu erkennen – und zu schließen. »Meine ganze Unternehmerphilosophie lässt sich letztlich in einem Satz zusammenfassen: Das ›Richtige‹ als erster zum ›richtigen

Zeitpunkt‹ tun.« Was das »Richtige« ist, darüber entscheidet der Käufer, also der Markt. »Den ›richtigen Zeitpunkt‹ herauszufinden, ist die eigentliche unternehmerische Leistung, darin liegt auch das unternehmerische Risiko. ... Ich muss gewissermaßen vorhersehen, ja ich muss heute ahnen können, welche Bedürfnisse meine Kunden morgen haben werden.«

In der Tat wäre Kurt Körber wohl nicht Multimillionär geworden und sein Unternehmen nicht das, was man heute einen »global player« nennt, wenn er nicht diese »seherische« Gabe gehabt hätte. Das heißt, er hat eine Marktlücke erkannt, als diese noch gar nicht vorhanden war: Er hat Millionen in die Entwicklung einer Filterzigarettenmaschine investiert, als noch niemand seiner Kunden Filterzigaretten herstellen wollte, weder Reemtsma in Deutschland noch Philip Morris in Amerika. Das brachte die Konstrukteure in der abgeschirmten Versuchswerkstatt der Hauni, in der es natürlich auch Rückschläge gab, gelegentlich zur Verzweiflung. Als sich der Bedarf dann aber schlagartig einstellte und die Marktlücke sich klaftertief auftat, konnte nur die Hauni Filterzigarettenmaschinen liefern, als Erste und am schnellsten.

Wie ist so etwas möglich? Mit Fortüne, hat Körber gesagt: »Ohne jenes Quentchen Glück jedenfalls wartet selbst der Tüchtigste auf den Erfolg vergeblich. Ich bekenne daher gern: Ich habe mich stets auch ein wenig als Liebling der Götter gefühlt.« Das ist jedenfalls einleuchtender als rationale Erklärungsversuche, die es auch gegeben hat: Körber will bald nach der Währungsreform beobachtet haben, dass die Leute in den Pausen nicht mehr Bier tranken, sondern Milch oder Fruchtsäfte, dass sich eine Tendenz zu gesünderer Ernährung erkennen ließ. Das war nun aber zu einer Zeit, in der die sogenannte Fresswelle, die erste von mehreren Konsumwellen der Wirtschaftswunderzeit, das Land zu überrollen begann. »Jetzt kommt das Wirtschaftswunder, jetzt kommt das Wirtschaftswunder, der deutsche Bauch erholt sich auch und ist schon sehr viel runder«, sang der Kabarettist Wolfgang Neuss in dem satirisch zurückblickenden Film »Wir Wunderkinder«, und Gert Fröbe, später einer von Körbers Tegernsee-Freunden, hat das durch seine leibliche Veränderung vom »Otto Normalverbraucher« jenes Films bis zum von James Bond gejagten »Goldfinger« eindrucksvoll genug demonstriert.

Es wollte denn auch niemand in der Branche Körbers Folgerung teilen, die ernährungsbewussten Leute würden bald auch gesünder rauchen wollen. Zigarettenfabrikanten wie Absatzpsychologen gaben der Filterzigarette zunächst keine Marktchance. Dann aber, beginnend 1952, vertraten, vor allem in den USA, renommierte Mediziner mit großem Medienecho die – im Grunde nicht neue – These, der Genuss von Tabakwaren erhöhe das Risiko, an Lungenkrebs zu erkranken. Diese These wurde Ende 1953 auf einem medizinischen Kongress in New York von übereinstimmenden Forschungsergebnissen bestätigt: Ohne Zweifel bestehe ein ursächlicher Zusammenhang zwischen Rauchen und Lungenkrebs. Bei der Hauni stand seit August 1953 der fertige Prototyp der Filterzigarettenmaschine KFZ. Und der Run auf diese Maschine begann.

Noch 1952 hatte die filterlose Zigarette den Markt zu 80 Prozent beherrscht. 1957 zog die Filterzigarette an ihr vorbei und dominierte den Markt ein paar Jahre später zu 90 Prozent. Der Bedarf in den USA wuchs so stark, dass 1955/56 mehrere hundert Hauni-Maschinen mit gecharterten Super-Constellation-Flugzeugen auf Kosten der Empfänger über den Atlantik transportiert wurden – woraus Körber eine große PR-Aktion machte. Hinzu kam, dass die Versuchsabteilung bei Hauni unter ihrem Leiter Max Pollmann das Produkt weiterentwickelt und eine Filteransetzmaschine mit sehr hoher Verarbeitungsgeschwindigkeit konstruiert hatte. Die MAX genannte Maschine wurde zum Verkaufsschlager. 1960 verließ die zweitausendste MAX das Bergedorfer Werk. In den sechziger Jahren ließ Körber stolz verkünden, dass 90 Prozent aller Filterzigaretten der Welt auf Hauni-Maschinen hergestellt würden; zweifelsfrei belegen konnte die Hauni dies allerdings nicht; aber dass ihr Marktanteil extrem hoch war, daran ist kein Zweifel.

Kurt Körber jedenfalls hat sehr früh begriffen, dass die Welt nun wieder sein Markt war (wie weiland für die Universelle), dass sowohl seine Chancen als auch seine Konkurrenten jenseits des Atlantik zu suchen waren. Schon bei seiner ersten Amerikareise am 28. Dezember

1948 – mit Sondergenehmigung der Militärregierung und provisorischen Papieren – agierte er entsprechend. Nicht nur studierte er, auf Kosten der »American Machinery and Foundry Company« (AMF), deren Chef Moorehead Patterson ihn – aus Neugier auf einige Hauni-Produkte – nach New York eingeladen hatte, die amerikanische Zigarettenindustrie; er schaffte es auch, den nach Amerika emigrierten jüdischen Hamburger Bankier Eric Warburg zu bewegen, als amerikanischer Staatsbürger treuhänderisch eine Vertretung der Hauni zu gründen; einem Deutschen wäre das damals nicht gestattet worden. Mit der AMF konnte Körber sofort Geschäfte machen.

Seit einiger Zeit hatte er den Entwurf einer neuen Zigarettenmaschine im Kopf, die er »Garant« nennen, aber noch nicht bauen wollte, weil es dafür in Deutschland noch keinen Patentschutz gab. Nun kam er auf die Idee, der AMF das neue Modell anzupreisen und ihr eine Nachbaulizenz für die USA anzubieten gegen das Versprechen, kein auf dem gleichen System beruhendes Modell selbst zu bauen. Dazu waren die Manager der AMF verständlicherweise nur bereit, wenn sie wenigstens Konstruktionszeichnungen zu sehen bekämen. Die aber gab es noch nicht. Also besorgte Körber sich einen Zirkelkasten und setzte sich im von der AMF für ihn gebuchten Sheraton Hotel Russell, Park Avenue an der 47. Straße, in der Silvesternacht 1948/49 hin und fertigte eine Skizze der »Garant« an, die später eine der wichtigsten Produkte der Hauni werden sollte. Die Skizze überzeugte die Manager der AMF, und es kam zu dem von Körber gewünschten Vertrag. Als er aber vier Jahre später erfuhr, dass Chesterfield-Zigaretten auf einer Maschine hergestellt wurden, die dem Prinzip der »Garant« entsprach und von der AMF stammte, bestellte er den Vizepräsidenten der AMF empört nach Bergedorf – und zerriss vor dessen Augen den von der AMF gebrochenen Vertrag. Denn seit 1952 gab es in München ein deutsches Patentamt, und die Neuentwicklungen der Hauni waren nun geschützt. Die »Garant« musste der AMF nicht mehr allein überlassen werden. Vielmehr wurde die größte Zigarettenfabrik der Welt, R. J. Reynolds in North Carolina, von der Hauni mit »Garant«-Maschinen im Wert von zehn Millionen Dollar beliefert.

Auch gute Freunde Kurt Körbers, dessen Englisch alles andere als perfekt war, haben sich damals gefragt, wie er solche Geschäfte wohl zustande gebracht und wie er es geschafft hat, zu Präsidenten und Vizepräsidenten der Zigarettenindustrie vorzudringen, ohne spätestens in deren Vorzimmern zu scheitern. »Das ist ganz einfach; ich sage nur, ich bin ein Freund von Philipp Reemtsma, das öffnet mir alle Türen«, hat er diesem augenzwinkernd erzählt. Beheim-Schwarzbach, der Körber auf einer späteren Amerikareise begleitet hat, erklärt den Erfolg so: »Meistens war seine Offenherzigkeit derart entwaffnend, dass man ihm nichts übel nahm, ja dass eben diese ihm die Türen öffnete – zumal in Amerika, wo man das

Ungeschminkte unter Männern zu schätzen weiß.« Gewiss, aber das doch wohl in der Landessprache.

Natürlich hätte sich Körber privatissime einen Sprachlehrer engagieren können. Er tat es aber nicht. Sondern er ordnete an, dass in seinem Betrieb wochenlang nur Mitarbeiter zu Besprechungen zugelassen wurden, die sich englisch verständigen konnten, und dass mit ihm grundsätzlich englisch zu sprechen sei. Denn Kurt Körber war Autodidakt aus Prinzip, keineswegs nur was das Erlernen von Sprachen angeht. »Es ist meine Überzeugung, dass das Spielen von Musikinstrumenten von jedermann, der singen kann, durch fleißiges Üben zu erlernen ist. Wenn er es nicht schafft, hat es ihm nur an der nötigen Energie und Lust gefehlt.« Körber fehlte weder die Energie noch die Lust, singen konnte er auch, und so hat er durch manuelles Training das Spielen auf anderen Instrumenten (zum Beispiel Klavier und Mandoline) gelernt. Vor allem aber Geige. »Das Spielen auf der Geige habe ich mir angeeignet auf Grund einer Beobachtung, dass meine Sekretärinnen auf ihren Schreibmaschinen mit zehn Fingern blind schreiben konnten. Daraus zog ich den Schluss: Was beim Singen vom Gehirn auf die Stimmbänder übertragen wird, muss doch durch fleißiges Üben auch vom Gehirn über die Finger – wie beim Maschineschreiben – auf die Instrumente zu bringen sein.«

Die Umsetzung dieser kühnen Theorie in die Praxis war nicht frei von Nebenwirkungen. Als sich zum Beispiel das Hausmädchen Theres eines Abends, während Körber fleißig Geige übte, in ihr Zimmer und ins Bett zurückzog, weil sie sich nicht wohl fühle, und der besorgte Hausherr schließlich fragte, ob er etwas für sie tun könne, sagte Theres: »Ja, bitte aufhören mit Geigespielen.« Fortan ging Körber zum Üben mit seiner Geige in den Keller.

Während Amerika zu einem gigantischen Markt für die Filterzigarettenmaschinen aus Bergedorf zu werden versprach, drohte der Hauni und ihrem listenreichen Chef aus England Gefahr. Wieder ging es um Patente. Zwar hatte die englische Firma Filtertips Ltd. nie eine funktionsfähige Filterzigarettenmaschine zustande gebracht, aber ein Bauteil der lieferbereiten Hauni-Maschine KFZ geriet in Konflikt mit einem von Filtertips erworbenen Patent, das in Amerika noch zwei Jahre lief. Körber versuchte, die Firma Filtertips aufzukaufen, scheiterte aber an der englischen Steuergesetzgebung, und vor allem kam ihm ein mächtiger Rivale, die große englische Firma J. S. Molins & Sons, zuvor. Körber blieb schließlich nur übrig, Molins einen »Deal« zu offerieren: Er bot an, für jede von Hauni in die USA gelieferte KFZ-Maschine 5000 Dollar bis zur Höchstsumme von 75 000 Pfund Sterling an Molins zu bezahlen. Das war ein Viertel mehr, als Molins für das Patent bezahlt hatte. Aber der Erfolg, den die Hauni mit ihrer Maschine in den USA hatte, war so groß, dass sie die 75 000 Pfund Sterling schon 1954 bezahlen konnte.

Es war nicht der letzte Rechtsstreit der Hauni um Schutzrechte; aber meistens einigte man sich. Die Zigarettenstrangmaschine »Garant 1«, um die es nun ging, war übrigens die erste »echte« Hauni-Maschine; alle früher angebotenen Modelle waren modifizierte Universelle-Produkte. Körber ermunterte seine Mitarbeiter grundsätzlich zur Risikofreude, also auch dazu, sich bei Neukonstruktionen stets an den besten Produkten der Konkurrenz zu orientieren und zu diesem Zweck auch Lizenzen zu nehmen. Außerdem baute er eine juristisch versierte Patentabteilung in der Hauni auf, besaß mittlerweile aber auch selbst genug technisches und juristisches Verständnis, um die entstehenden Risiken abschätzen zu können.

Bald wurde klar, dass die Hauni den riesigen amerikanischen Markt auf Dauer nicht adäquat würde bedienen können, ohne dort zu produzieren. Aber wo? Körber entschied sich für Richmond, die Hauptstadt des Staates Virginia, in deren Umgebung sich die wichtigsten amerikanischen Zigarettenfabriken niedergelassen hatten. An einem Wochenende flog er hin, scheuchte einen lokalen Makler aus dessen Swimmingpool und besichtigte mit ihm die in Frage kommenden Grundstücke; eins davon, drei Hektar groß und mit einem Lagerhaus von tausend Quadratmeter Grundfläche, gefiel ihm. Dort, an der Rhoadmiller Street 1728, siedelte er für 75 000 Dollar die Hauni Richmond Inc. an. Auch die seit 1949 in mehreren Ländern geschaffenen Kontaktstellen wurden durch Vertretungen ergänzt. 1955 eröffnete die Filiale in Rom, ein Jahr später die Hauni London Ltd., später die Hauni Latino Americana S.A.I.C. in Buenos Aires, die Hauni Centro-Americana in Mexiko und die Hauni Zürich. Mitte der fünfziger Jahre reichte das Kunden- und Vertriebsnetz der Hauni von Ägypten bis Vietnam, von Kanada bis Australien. Bergedorf goes international.

Vor allem in Amerika kam eine Fähigkeit Körbers, die man heute Event-Management nennen würde, besonders zur Geltung. Er verstand es, »to put on a show«. Zum Beispiel gelang es ihm, in New York schon Mitte der fünfziger Jahre eine Party für so ziemlich alle Prominenten der Zigarettenbranche zu organisieren, deren heftiger Konkurrenzkampf ihn als Maschinenlieferanten nicht zu schrecken brauchte. Auf dieser Party, aus Anlass der Eröffnung von Hauni Richmond, ließ er einen deutschen Volkswagen verlosen, der damals in den USA ein Kuriosum war, und präsentierte als Glücksfee an der Lostrommel die deutsche Schauspielerin Hildegard Knef, Vorbotin des deutschen »Fräuleinwunders«, die am Broadway gerade in der Filmrolle der Greta Garbo als Ninotschka in dem Cole-Porter-Musical »Silk Stockings« einen sensationellen Erfolg feierte.

Auch zur Eröffnung der Hauni London Ltd. veranstaltete Körber eine Party, ließ dort aber einen englischen Sportwagen vom Typ Triumph III verlosen und von britischen Showgirls in den Saal geleiten; ein Volkswagen hätte auf die über den deutschen Auto-Export verärgerten Engländer wie eine Provokation gewirkt.

Die Feste, die Kurt Körber in großer Zahl und aus den unterschiedlichsten Anlässen veranstaltet hat, wurden zu einem seiner Markenzeichen. Das ist bei einem Mann, der zwar gern guter Dinge war – es gibt kaum ein Foto von ihm, auf dem er nicht strahlt –, der aber dennoch nicht im Verdacht steht, ein Hedonist gewesen zu sein, keineswegs selbstverständlich. Dahinter steht sein Glaube an Motivation durch das gemeinsame Erlebnis. Der Anlass zu einem solchen Erlebnis aber musste geschaffen, er musste sozusagen inszeniert werden. Und dafür qualifizierte Kurt Körber seine Affinität zu den Brettern, die die Welt bedeuten, seinen Drang zur Darstellung, der ihn schon in sehr jungen Jahren an eine Bühnenlaufbahn hatte denken lassen. Aber außer dem Widerstand der Eltern hinderte ihn daran wohl die Erkenntnis, dass ihm – außer dem Gesang, mit dem er sich schon in der Schule vielfach hervorgetan hatte, und der Freude am Auftritt – etwas fehlte, was er auch durch Fleiß und Ausdauer nicht hätte erlernen können. Er war ein begabter Selbstdarsteller. Ein Schauspieler, der die Gabe hat, sich in andere Menschen zu verwandeln, war er nicht.

Aber er war ein großer Inszenator. Wenn er schon das Gerät nicht erfinden konnte, das jenes Gemeinschaftserlebnis der Nachkriegsnot simulierte, dann wollte er wenigstens demonstrieren, dass man dieses Erlebnis und die daraus zu gewinnende Motivation auch auf andere

Weise erzeugen kann, nämlich beim gemeinsamen Feiern. Also erfand er die Feste, die für die Unternehmenskultur der Hauni charakteristisch wurden. Das waren nicht die üblichen Betriebsfeste; die gab es bei der Hauni schon Ende der vierziger Jahre, wennschon ohne Saus und Braus und so kärglich, wie die damalige Versorgungslage eben war. Aber nur üppige Schlemmereien oder gar die sonst üblichen Besäufnisse waren auch die späteren Hauni-Feste nicht. Körber ließ es an nichts fehlen, er konnte ein begeisterter, überall auftauchender Gastgeber sein, und wenn auf solchen Festen jemand geehrt oder der Geburtstag einer Zelebrität ausgerichtet wurde (Helmut Schmidts zum Beispiel), dann ging es Körber gewiss auch darum, mit seiner Inszenierung und deren Opulenz einen »unvergesslichen« Eindruck zu hinterlassen. Aber entscheidend war für ihn der Ereignischarakter. Er war nicht nur der Gastgeber, sondern er inszenierte diese Feste auch, und er dominierte sie – als Entertainer wie als Animateur. Wer bei Körber zu einem Fest eingeladen war, musste immer damit rechnen, zu einer Darbietung aufgefordert zu werden, und er musste wissen, dass jeder Widerstand dagegen zwecklos war.

Das galt besonders für die Führungskräfte, die zu den sogenannten Bereichsleiterfesten im Hamburger Hotel Vier Jahreszeiten stets mit ihren Ehefrauen eingeladen waren, weil Körber auch sehen wollte, mit wem seine Spitzenleute verheiratet waren; die Männer forderte er dann auf ungewöhnliche Weise heraus. Es kam vor, dass er einen solchen Mann aufforderte, unvorbereitet eine Damenrede zu halten oder der Runde etwas über sein Leben zu erzählen, aber bitte in Versform. »Dies führte«, so Hans-Heinrich Bruns, der in Körbers Imperium nacheinander mehrere Spitzenpositionen innegehabt hat, »zu richtigen Angstpsychosen im Vorfeld«. Man wusste ja, dass immer irgendwas los sein musste – aber eben nicht, was. Dass er so manchen guten Mann in hochnotpeinliche Situationen brachte, kümmerte Körber wenig. »Wenn der Mann bei mir in der obersten Führungsebene ist, erwarte ich so etwas von ihm; das gehört mit dazu.« Vor allem jüngere Führungskräfte versuchten an solchen Abenden, sich nach Möglichkeit so zu setzen, dass sie von Körber nicht gesehen und zu einer Darbietung aufgefordert werden konnten. Später dachten sich die Führungskräfte dann vorher selbst ein »Programm« aus, zum Beispiel Sketche, in denen auch Körber vorkam. Das konnte man durchaus riskieren. Spaß verstand er.

Auf den Festen für die Belegschaft ging es ohnehin lustiger zu, und Körber trat auch gern selbst auf. Wenn er zum Beispiel Klavier spielte, waren die Leute begeistert. Einmal erschien er mit seiner Mandoline, setzte sich auf den Boden der Tanzfläche, sang seinen Leuten Lieder vor, und der Jubel wollte nicht enden. Ein früher Höhepunkt dieser Feiern war der Umzug der Hauni auf das eigene Gelände an der damaligen Kampchaussee und die Inbesitznahme der dort errichteten Montagehallen und des Verwaltungsgebäudes 1953 und 1955 – nun aber wirklich mit Pauken und Trompeten und in Anwesenheit des damaligen Hamburger Bürgermeisters Max Brauer. Für die Belegschaft ließ Körber in der Halle 1500 deftige »Brotzeiten« von der Decke, an der sie vorher versteckt waren, an Seilzügen herabschweben, und als er schließlich auf dem Podium erschien, sangen die versammelten »Haunisten« spontan »O mein Papa!«. Auf einem Fest der Außendienstmitarbeiter, »Foreign Service Men« genannt, wo es meistens ziemlich hoch herging, erklomm Körber, dessen Reden eigentlich immer vorbereitet und aufgeschrieben waren, die Bühne, auf der er sonst allenfalls die Blaskapelle dirigierte, und erzählte zur Verblüffung seiner engen Mitarbeiter aus dem Stegreif zwanzig Minuten lang Witze, bis die Foreign Service Men vor Lachen auf dem Boden saßen.

Bemerkenswert ist der kindliche Charakter der Spiele, die bei Körber-Festen obligatorisch waren und vor allem dann gespielt werden mussten, wenn viel Prominenz erschienen war. Dabei gelang es dem Gastgeber immer wieder, Würdenträger im Smoking samt ihren mehr oder weniger dekolletierten Damen vorübergehend in eine Art Kindergarten zu verwandeln. Bestimmt fanden viele Teilnehmer das peinlich, aber niemand wollte als Spielverderber dastehen, und so machten schließlich alle mit – meistens auch mit durchschlagendem Erfolg. Einmal nötigte Körber Loki Schmidt, die er samt ihrem Mann auf eine von ihm veranstaltete Kreuzfahrt zur Atlantikinsel Madeira eingeladen hatte (den Zielhafen Funchal nannte er hartnäckig Funschl), nach dem Dinner mit den Anwesenden in Abendgarderobe, die vermutlich lieber tanzen wollten, ein bestimmtes Fingerspiel zu machen, das die Lehrerin Loki Schmidt allenfalls mal mit ihren Erstklässlern veranstaltete: Die Beteiligten müssen mit allen zehn Fingern wackeln und die Hände zu einem von ihnen mitzusingenden Text bewegen. Das Ganze endet mit einem lauten »Hurra!« und hoch in die Luft geworfenen Händen. Als Loki Schmidt die Peinlichkeit hinter sich gebracht hatte, verlangten die applaudierenden Mitspieler zu ihrer Verblüffung eine Wiederholung.

So ähnlich verhält es sich mit dem Haunikus, einer von Körber erfundenen und von Gertrud Kassel, der Frau des Hauni-Vertriebsdirektors Josef Kassel, die ab und zu grafische Entwürfe für die Firma machte, gezeichneten Gestalt, irgendwo zwischen Hummel-Figur und HB-Männchen: ein Pfiffikus, der in den mehrmals jährlich von Körber herausgegebenen »Latest News from Haunikus« der internationalen tabakverarbeitenden Industrie erzählte, was bei Hauni alles los war. Natürlich machte der Haunikus jedes Jahr eine tolle Erfindung, zum Beispiel ein Teleskopstielschuhanzieherkleiderbürstenzigarettenlängenmessgerät, aber auch allerlei nützliche Werbegeschenke.

Heute wäre der Haunikus wohl ein typisches Produkt des »Consumer Relations Managament«, das es noch nicht gab, allenfalls in Körbers Visionen, wennschon nicht unter dieser Bezeichnung. Damals, 1966, schrieb der Gesellschaftsreporter des »Spiegels«, Peter Brügge: »Ich glaube, in diesem Homunculus begegnet einem die Sehnsucht des Unternehmers: Haunikus, Luftikus, Hans im Glück will er im Grunde sein, ein famoser Mitmensch, der am Ende beglückt seinen Klumpen Gold wieder weggegeben haben wird.«

Auf die Idee mit den Kreuzfahrten wäre Körber wohl gar nicht gekommen, wenn er nicht wegen des drohenden Patentstreits mit dem englischen Konkurrenten Molins Rücklagen in Millionenhöhe gebildet hätte, die plötzlich frei – und mithin zu versteuern – waren, weil Hauni sich mit Molins arrangiert, den Prozess also vermieden hatte. In dieser Situation folgte Körber dem Rat von Freunden, darunter Herbert Weichmann, sich an einem ziemlich luxuriösen Kreuzfahrtschiff mit Namen TS Hamburg zu beteiligen, das der Reeder Axel Bitsch-Christensen mit dem Geld von mehr als 200 Anteilseignern für seine Deutsche Atlantik-Linie bauen ließ. Körber wurde mit seinen Millionen der bei weitem größte und wichtigste Anteilseigner und also Vorsitzender des Beirats der Reederei, für den auf der TS Hamburg eine »Präsidentenkajüte« gebaut wurde. Die steuerlichen Konditionen der Anlage waren äußerst günstig, das Schiff aber machte schon bald Verluste.

Nicht zuletzt um diese abzuwenden oder mindestens aufzuhalten, erfand Körber die Hauni-Kreuzfahrten. Er charterte den Luxusliner Ende 1970 zunächst für jene Hauni-Veteranen und deren Ehepartner, die seit

Gründung des Unternehmens – in seinem Einladungsbrief nennt er das »virtuelle« Gründungsdatum 14. Juli 1946 – dabei waren, und fuhr mit ihnen in die Gewässer vor die Küste Südnorwegens. Zum 25. Jahrestag der Firmengründung sollten dann aber alle Haunisten mitfahren können – was bedeutete, dass die 600 Passagiere fassende TS Hamburg fünfmal hintereinander in der Nordsee kreuzen musste – immer am Wochenende, denn der Betrieb in Bergedorf sollte ja nicht stillstehen. Die Mitarbeiter und viele prominente Gäste wurden per Sonderzug mit Dampflok und Blasmusik in Bergedorf abgeholt, nach Cuxhaven gefahren und zweieinhalb Tage später auch wieder so zurückgebracht.

Die Organisation hatte Körber Eberhard Reuther übertragen, der damals in der Personalabteilung arbeitete und einer seiner »Kronprinzen« war, der von 1987 bis 2000 Vorstandsvorsitzender des Körber-Imperiums war. Körber spendierte für das Unternehmen Hauni-Kreuzfahrt 3,5 Millionen und wollte, dass »geklotzt« wurde. Er machte nicht jede Fahrt mit, aber wenn er dabei war, hatte er sich etwas ausgedacht. In diesem Fall wurde Reuther, der sich eine Uniform hatte schneidern lassen müssen, »zum Ritter geschlagen«. Körber selbst und der Betriebsratsvorsitzende Prien erschienen mit nacktem Bauch und langer blonder Perücke als Neptun samt Gefolge und »tauften« die anwesenden Herren der Geschäftsleitung, die zu diesem Zweck in den Pool springen mussten. Reuther war das peinlich, aber die Haunisten redeten ein halbes Jahr lang von nichts anderem als von diesen Kreuzfahrten.

Die TS Hamburg, zeitweilig umbenannt in TS Hanseatic, wurde 1973 nach dem Ende der Deutschen Atlantik-Linie für 62 Millionen an eine amerikanische Firma verkauft, die als Strohmann für die sowjetische Staatsreederei auftrat. Diese setzte das Schiff unter dem Namen »Maxim Gorki« ebenfalls für Kreuzfahrten ein. Für Kurt Körber persönlich nahm der geschäftlich gescheiterte Ausflug in die Reederei später mindestens insofern ein tröstliches Ende, als 1989 der amerikanische Präsident George Bush und der sowjetische Generalsekretär Michail Gorbatschow vor Malta ein Gipfeltreffen vereinbart hatten, das eigentlich auf hoher See und einem eigens dafür bereitgestellten Kriegsschiff stattfinden sollte, aber wegen stürmischen Wetters auf die vor Malta in ruhigen Gewässern liegende »Maxim Gorki« verlegt wurde, und zwar, so Körber, »in meine ehemalige Kajüte«.

Dass er schon seit Anfang der fünfziger Jahre Millionär war, nahm er kaum wahr. Er erfuhr es damals von seinem Buchhalter: »Wissen Sie eigentlich, dass Sie schon zweifacher Millionär sind?« Er wusste es nicht. Geld auf dem Konto war ja nicht seine Messlatte für Erfolg. »Aber ich habe dann schon gemerkt«, räumt Körber ein, »wie unabhängig man wird mit ein paar Knöppen im Kasten.« Unabhängig zu sein, war ihm stets mehr wert, als reich zu sein – aber dass es da einen Zusammenhang gab, konnte und wollte er nicht leugnen, schon gar nicht als Unternehmer: »Unternehmerisches Handeln ist eben nur möglich, wenn man zur notwendigen und zügigen Anpassung an die Marktbedürfnisse auch das volle Verfügungsrecht über die Produktionsmittel besitzt.«

Auf Erfolg aber war er fixiert. Er war für ihn als Unternehmer Conditio sine qua non, war lebenswichtig. »Denn es fehlen dem Unternehmer doch die Statussymbole, das heißt jene konstitutiven Schichtenmerkmale, die ihn – unabhängig von Betrieb und leitender Funktion – charakterisieren. Ein Professor behält seinen Status als Professor, auch wenn er längst emeritiert ist und an keiner Hochschule mehr lehrt. Wenn ich dagegen Konkurs mache oder meinen Betrieb aus anderen Gründen einstellen muss, dann gibt es keinen gesellschaftlichen Status, an den ich mich halten kann und der mich hält. Dann bin ich nur Privatmann, vielleicht sogar noch weniger. Aber gerade darin liegt die große Chance, das Antriebsmotiv für den Unternehmer.«

Vielleicht hat ihm auch deshalb der Titel eines »Doktors der Wirtschafts- und Sozialwissenschaften ehrenhalber (Dr. rer. pol. h.c.)« so viel bedeutet, der ihm im Februar 1960 von der Universität Nürnberg-Erlangen – initiiert von deren langjährigem Rektor Professor Friedrich Wilhelm Schoberth und Dr. Gerhard Böhme, Industriesoziologe bei Hauni – »in Würdigung seiner wirtschaftlichen Leistungen auf dem Gebiet spezieller Industrieausrüstung, seiner Verdienste um die industrielle Pädagogik und um die Förderung der sozial- und wirtschaftswissenschaftlichen Forschung« verliehen wurde. Kurt Körber war sehr stolz auf diesen Titel, vor allem weil er ihn in Würdigung seiner Arbeit bekommen hatte, und er führte den Ehrentitel fortan genau so, als wäre er das Ergebnis einer Promotion; auch für seine Mitarbeiter war er künftig natürlich der »Herr Doktor Körber«. Nun hatte er einen gesellschaftlichen Status jenseits des zum Erfolg verdammten Eigentümer-Unternehmers, der im Falle eines Scheiterns »nur Privatmann, vielleicht sogar noch weniger« (eine erstaunliche Wertung) gewesen wäre.

Aber Körber schien auf Erfolg auch abonniert zu sein, vor allem in seinem Selbstverständnis. Ein Geheimnis oder gar ein Rezept hatte dieser Erfolg allerdings nicht; es hätte auch nicht geholfen. Körber war so unkonventionell, dass er sich an kein Erfolgsrezept gehalten hätte. Aber er hatte einen sicheren Instinkt dafür, wo Erfolg zu finden sein würde. Und er war Herr im Hause.

Dass Kurt Körber in der Galerie der Herolde des Wirtschaftswunders so selten, wenn überhaupt, in Erscheinung getreten ist, liegt nicht nur daran, dass er mit dem Vorzeige-Konsum und dem Lebensstil eines Max Grundig, Helmut Horten, Konrad Henkel oder Heinrich Nordhoff nicht mithalten wollte, obwohl er es gekonnt hätte. Es lag vor allem an dem Produkt, das er herstellte: Die Raucher haben seine Zigarettenmaschinen nie zu Gesicht bekommen; sie hätten sich wohl auch nicht sonderlich dafür interessiert. Das muss einen Mann wie ihn, der immer Wert darauf gelegt hat, dass nicht nur er selbst, sondern auch seine Hervorbringungen weithin bekannt werden, derart verdrossen haben, dass er es immer wieder mit der unbewiesenen Behauptung zu kompensieren suchte, alle Filterzigaretten der Welt würden nach seinem System, wenn nicht sogar auf seinen Maschinen, hergestellt.

Wichtiger ist, dass Kurt Körber, im Unterschied zu den genannten Wirtschaftswunder-Tycoons, nie aufgehört hat, nach den Antrieben jenes Gemeinschaftserlebnisses des Neubeginns zu suchen, denen auch er selbst seine Motivation und seine unstillbare Rastlosigkeit schuldete. Wichtiger war ferner seine Entschlossenheit, lieber auf Gewinne und Expansion zu verzichten als auf das, was er gern seine Souveränität nannte: die alleinige Entscheidungsbefugnis. Er hat dieses Prinzip sogar »in Marmor schlagen« lassen: »Damit wir souverän und unabhängig bleiben, werden wir keine Expansion mit fremdem Kapital betreiben.« Das klang schon damals aus dem Mund eines Unternehmers einigermaßen ungewöhnlich. Die Marmortafel hängt aber noch am Eingang der Finanzbuchhaltung im sogenannten Altbau 1.

Wer führen will, davon war Körber überzeugt, muss weithin sichtbar sein, »nicht als Inhaber eines großen Titels, sondern als Charakter. Wir sagen zwar nicht Charakter, meinen aber dasselbe, wenn wir von ›Image‹ sprechen. Image ist das Bild, das die Bevölkerung von der Führungspersönlichkeit eines Menschen hat, im engeren oder weiteren Bereich, und dieses Bild muss stets sichtbar sein.«

Im engeren Bereich seines Unternehmens bestimmte dieses Image – dieses Charakterbild – auch Körbers Suche nach dem fortdauernden Gemeinschaftserlebnis. Der sangesfrohe Mann war nicht unbedingt ein Kenner, aber ein Liebhaber der großen Oper, und er hatte das Musiktheater als Kraftwerk der Gefühle erlebt, das ein kundiges Publikum in gemeinschaftlicher, manchmal uferloser Begeisterung vereinen kann. Außerdem hatte er sich – zum wechselseitigen Nutzen – mit Rolf Liebermann, dem Komponisten und damaligen Intendanten der Hamburgischen Staatsoper, angefreundet. Und so konnte er jedes Jahr Sondervorstellungen für seine gesamte Belegschaft und deren Angehörige in der Oper anbieten. Auch für den Transport von Bergedorf in die Oper und zurück wurde gesorgt. Körber mahnte angemessene Kleidung an, ließ an männliche Mitarbeiter vorübergehend sogar eine Fliege mit dem Hauni-Logo verteilen und den Opernbesuch auch dadurch vorbereiten, dass die populärsten Melodien aus den zu besuchenden Opern über die Lautsprecheranlage des Werkes abgespielt wurden.

Dass die gemeinschaftliche Begeisterung der Haunisten sich, verglichen etwa mit dem Echo auf die Kreuzfahrten, in erkennbaren Grenzen hielt, dürfte Körbers pädagogischen Eros beleidigt haben; dass manche Mitarbeiter, denen das Los besonders gute, also teure Karten zugespielt hatte, diese sogar weiterverkauften, hatte gravierende Folgen für die Wertschätzung dieser Mitarbeiter, brachte Körber aber nicht von seiner auf Horizonterweiterung zielenden Opern-Initiative ab. Dass Mitglieder der Geschäftsleitung aus gegebenem Anlass sommers auch mal ein bayerisches Bierfest auf dem Werksgelände ausrichteten, fand Körber hingegen völlig unangemessen, sagte das seinen Kollegen auch sehr deutlich und blieb der Gaudi fern, obwohl er dort bestimmt begeistert begrüßt worden wäre.

Dr. Kurt Körber hat sich die Belegschaft seines Werkes offenkundig als eine »verschworene Gemeinschaft« gewünscht, und also hat er versucht, sie dazu zu machen – durch verbindliche, von ihm »vorgelebte« Maßgaben nicht nur für den Arbeitsprozess, sondern auch für das soziale Verhalten seiner Mitarbeiter im Betrieb und darüber hinaus. Das Versuchsergebnis war »ambivalent« – eine Charakterisierung, auf die man immer wieder trifft, wenn man Äußerungen von Mitarbeitern und Zeitzeugen über ihr Verhältnis zum »Betriebsklima« bei Hauni zu Rate zieht. Es war demnach ein Nebeneinander von wohltuender Kameradschaft und autoritärer Betriebsführung – die Folge einer Spannung zwischen dem patriarchalischen Führungsanspruch von Körber und seiner wachsenden Überzeugung, als Unternehmer nicht nur seiner Firma, sondern auch der Gesellschaft verpflichtet zu sein.

Sich selbst hat der Unternehmer Körber attestiert: »Ich betrachte es als eine meiner größten Fähigkeiten, die richtigen Mitarbeiter erkennen zu können und ihrer Qualifikation entsprechend einzusetzen.« Auch die Maßstäbe zur Beurteilung insonderheit der menschlichen Qualitäten seiner Mitarbeiter setzte er selbst. Das gilt natürlich besonders für das Führungsteam, dessen Mitglieder er immer wieder mit sehr unterschiedlichen Aufgaben betraut hat. Frauen hatten so gut wie keine Chancen, in höhere Führungspositionen zu kommen, weil sie nach Körbers Meinung dafür prinzipiell ungeeignet waren. Auch Leute »von außen« in dieses Team zu holen, lehnte er strikt ab; einen »Headhunter« hat er nie beschäftigt. Auch von Unternehmensberatern wie McKinsey hielt er überhaupt nichts. Er war der Meinung, dass »die von uns lernen können«, nicht umgekehrt. Alle, die im Unternehmen Erfolg haben könnten, mussten von ihm persönlich »beatmet« sein. Er war überzeugt davon, dass »hohe Effizienz im Management plus schnell wirksam werdende Entscheidungen des Mannes an der Spitze« ihm immer wieder ermöglicht hätten, besser als die Konkurrenz »Marktlücken füllen« zu können.

Effizienz sollte aber nicht mit Harmonie verwechselt werden. Körber konnte sich, gerade gegenüber seinem Führungsteam, extrem kritisch äußern, sogar verbal ausfallend werden, so dass unbeteiligten Zuhörern manchmal der Atem stockte. Der sensible, hochgebildete Professor Heinz Gretz, unter anderem ein wichtiger »Ghostwriter« Körbers und später sein Nachfolger in der Geschäftsführung, hatte unter solchen Attacken vielleicht am meisten zu leiden. Er hat Körbers Umgang einmal mit bewundernswertem Understatement als »gelegentlich brüsk« beschrieben. Das bekamen natürlich auch die »jungen Leute« wie Eberhard Reuther und Ulrich Voswinckel zu spüren, die Körber aber ganz bewusst hineinwachsen ließ in immer größere Aufgaben und Verantwortungen. Voswinckel empfand es dabei »in hohem Maße als mein Glück, dass ich mich kritisch äußern konnte zu Dingen, die er vorhatte, ohne dass unser Vertrauensverhältnis dadurch zerbrach«.

»Körber konnte mit Widerspruch schlecht umgehen«, so Hans-Heinrich Bruns, »aber er hätte auf Widerspruch auch ungern verzichtet. Körber gab zumindest in meiner Gegenwart nie einen Fehler zu. Aber ich stellte manchmal fest, dass er aus einer Kritik Konsequenzen zog ..., indem er zwei oder drei Wochen später Änderungen als eigene Erkenntnis bekannt gab.«

»Der Chef gibt den Ton an«, das war klar. Und Körber hatte den unleugbaren Vorteil, dass ihm der ganze Laden gehörte. Wer das nicht ertragen konnte, der hat es bei Hauni sehr schwer gehabt. Wenn mal ein wohlmeinender Besucher Körber mit Herr Direktor anredete, sagte der womöglich: »Ich bin nicht Direktor. Ich halte mir welche.«

Hannelore Orbens, eine der wenigen Frauen in der Firma, die zumindest Einblick in den »inner circle« des

Chefs hatte, sagt: »Dr. Körber war für mich ein hochsensibles Rennpferd in der Box. Er war immer in Aktion, war immer ungeduldig und immer bereit loszustürmen. Viele Menschen waren ihm zu langsam und in ihren Entscheidungen zu unentschlossen.« Er selbst »brauchte nicht lange, um die Information zu erhalten, die er haben wollte. Er hatte eine unglaublich rasche Auffassungsgabe und eine unglaubliche Informationsverarbeitungsgeschwindigkeit.«

Wenn er über ein Projekt sprach, für das er sich engagiert hatte, oder wenn er eine Erfolgsgeschichte erzählen konnte, dann glitt seine Zunge alle paar Sekunden genießerisch über seine Lippen; »er spitzelt«, nannten manche seiner Leute diese züngelnde Bewegung. Auch wenn er nur am Tisch saß, waren seine robusten Hände, denen man ansah, dass sie mit Werkzeug umgehen konnten, ständig in Bewegung, als falle es ihnen schwer, einen Moment untätig zu sein.

Ein flotter Sportwagen hätte durchaus zu ihm gepasst, auch wenn er sich keinen kaufen wollte. Ein rasanter Fahrer war er allemal, selbst in seinem privaten Golf. In Bergedorf hatte sich seine Fahrweise herumgesprochen, Taxifahrer erzählten, sie hätten immer, wenn sie Herrn Dr. Körber fahren sahen, lieber in der Seitenstraße gewartet. Dr. Körber respektierte angeblich keine Vorfahrt und beachtete keine Nebenstraßen. Er war eben immer voraus.

Wenn er morgens kam, so seine nahezu lebenslange

Sekretärin Ingeborg Felsmann, »hatte er nachts meist schon irgendwas ausgebrütet. Er gab dann nur die Anweisung: Fiss, der und der soll zu mir kommen.« Und die Einbestellten setzte er dann, ruck, zuck übern Zaun, auf eine neue Aufgabe an. »Wenn ihn was nicht interessierte, hörte er auch nicht zu, und wenn einer zu langatmig war, wurde er unwirsch.« Hannelore Orbens beschreibt die Prozedur so: »Zuhören – Idee – Vision – machen wir! So war Körber. Und dann hatten die anderen zu machen, und er wollte erst mal eine ganze Weile nichts mehr davon wissen. ... Das klang autoritär, wie er so etwas anordnete.« Und es war auch so gemeint. Körber war felsenfest davon überzeugt, dass es auch in einem gut besetzten Führungsteam einer letzten Entscheidungsinstanz bedürfe, in Gestalt einer einzigen Persönlichkeit, die sich nicht um Entschlüsse herumwinden müsse. »Er hatte eine Idee, war davon überzeugt, und dann wurde sie durchgesetzt«, erinnert sich auch sein Freund Professor Heisig. »Einwände von ›Bedenkenträgern‹ hat er vom Tisch gewischt. Das Besondere an ihm war seine enorme Überzeugungskraft. Meistens behielt er recht.«

Freilich nicht immer. In den sechziger Jahren kam ihm die Idee, seine Belegschaft zur Übernahme von mehr gesellschaftlicher Mitverantwortung anzuregen, indem er vorschlug, Hauni-Mitarbeiter, die wegen grob fahrlässigen Verhaltens im Straßenverkehr gerichtlich verurteilt worden waren, zum Zeichen scharfer Missbilligung zu entlassen. Darüber sollte abgestimmt werden. Aber nur etwa zehn Prozent der Belegschaft beteiligten sich an der Abstimmung, und von diesen 208 Stimmen widersprachen 171 der Meinung des Chefs. Für Körber war dies umso ärgerlicher, als er in der Gewissheit großer Zustimmung schon einen »Stern«-Reporter zum Interview gebeten hatte. In der Werkzeitschrift »Hauni-Glocken«, in der nichts erscheinen durfte, was er nicht gesehen und gebilligt hatte, beklagte sich der Chef dann über den Unverstand und die mangelnde Zivilcourage seiner Mitarbeiter. »Ich nehme bewusst in Kauf, dass mir viele Mitarbeiter, die sich an der Frageaktion nicht beteiligten, dieses offene Wort übelnehmen. Das kann mich aber nicht daran hindern, als Beitrag zur Festigung unseres freiheitlichen Systems und zum Wohle unserer Gesellschaft öffentlich meine Meinung zum Ausdruck zu bringen.«

Der Vorfall ist gewiss peripher, aber auch typisch für jene Spannung zwischen Körbers patriarchalischem Führungsanspruch in seinem Werk und dem unternehmerischen Engagement für die Gesellschaft, das ihn zum Stifter hat werden lassen. Wer herausfinden wollte, wo der Unternehmer aufhört und der Stifter anfängt, wer nach einer Trennlinie zwischen dem Patriarchen und dem Stifter suchen wollte, wäre auf dem Holzweg. Es gibt diese Trennlinie nicht. Vielleicht hat Körbers – fast immer nur in populärer Verkürzung zitierter – Spruch, morgens verdiene er das Geld und beschäftige sich nachmittags damit, es wieder auszugeben, zu dem Missverständnis beigetragen, er sei einer jener Unternehmer, die möglichst diskret möglichst viel Geld anschaffen und mit dessen Hilfe dann ab und zu den Wohltäter geben. Wie für keinen anderen erfolgreichen Unternehmer der fünfziger Jahre hat sich für Kurt Körber innerbetriebliches und gesellschaftliches Engagement völlig bruchlos, eins aus dem anderen, entwickelt. Er selbst hat sich ohne Einschränkung als Verbindungsmann zwischen der Belegschaft drinnen und der Gesellschaft draußen gefühlt. Dass er dabei auch, und keineswegs contre cœur, zum Unruhestifter geworden ist, liegt wohl eher daran, dass der Gesellschaft jener heilsame Zwang zu solidarischer Kraftanstrengung wie in den Notzeiten des Aufbaus weithin abhandengekommen war. Der Selfmademan, der Neubeginn-Unternehmer Körber hat diese Aufbruchsstimmung wohl immer vermisst. Aber er ist darüber nicht zum Nostalgiker geworden. Die Vergangenheit war nun mal vorbei. »Deshalb habe ich mir«, heißt es im »Profit-Programm«, »als die Aufbauleistung für mein Unternehmen getan war, die Frage gestellt: Ist dies alles? Kann es für mich das einzige Lebensziel sein, ein Unternehmen zu einem beachtlichen und erfolgreichen Faktor in meiner Branche zu entwickeln? Darf sich ein Unternehmer in einer Zeit engster Verflechtung von Wirtschaft und Gesellschaft auf sich selbst beschränken? Hat er darüber hinaus nicht weitergehende soziale und kulturelle Pflichten?«

Das klingt, wenn man es persönlich nimmt, ein wenig wie die Kernfrage der berühmt-berüchtigten »Midlife-Crisis«: Das kann doch nicht alles gewesen sein ... In der Tat wäre Körber zu dieser Zeit als Mittvierziger Kandidat für eine solche Bilanzkrise gewesen. Aber er reagierte, seinem selbstsicheren Naturell entsprechend, ganz anders: »Dass ich mit meinem Unternehmen gutes Geld verdienen konnte, daran war nicht zuletzt unser westliches Gesellschaftssystem beteiligt, das die Voraussetzungen und Rahmenbedingungen für meinen Erfolg geschaffen hatte. Von daher begründet sich meine Verpflichtung gegenüber der Gesellschaft über die normalen Steuerzahlungen und Sozialabgaben hinaus. So wuchs in mir der Gedanke, nach der wirtschaftlichen Absicherung mit jenen Erträgen, die über den Investitionsbedarf hinausgingen, gesellschaftliche Aufgaben wahrzunehmen.«

Auch die populäre, sich hartnäckig haltende (anderwärts vielleicht zutreffende) Unterstellung, Körber sei zum Stifter geworden, weil er sein Geld in einer gesundheitsschädlichen, ja lebensbedrohenden Branche verdient habe und deshalb sein schlechtes Gewissen beruhigen wollte, geht ins Leere. Körber hatte ebenso wenig ein schlechtes Gewissen wie Hermann F. Reemtsma, der den Tabak in einem Vortrag vor dem Hamburger Rotary-Club sogar »ein Geschenk der Götter« genannt hatte. Körbers Feststellung, wenn die Zigarettenmaschinen nicht von ihm gebaut worden wären, dann hätten andere es getan, mag man, obwohl sie zutreffend ist, eine Ausrede nennen. Aber Körber, selbst jahrelang ein starker

Raucher, hatte wirklich kein schlechtes Gewissen. Er hat 1964 sogar ein virtuelles »Tribunal« mit dem Titel »Die angeklagte Zigarette« inszeniert, in dem er selbst eine Verteidigerrolle übernommen hat – damals zwangsläufig mit Argumenten, die nicht auf dem heutigen Stand der Forschung sind.

In diesem Plädoyer, das er so nicht nennen wollte, das er aber wichtig genug fand, als Broschüre gedruckt zu werden, preist Kurt Körber die Zigarette als Stimulans – dazu begabt, über die Geschmacksreizung hinaus, »dem Raucher durch die leichte und unbeschwerte Möglichkeit zum Inhalieren ein erhöhtes Lebensgefühl zu geben. ... Denn durch das Inhalieren wird im Menschen ein Gefühlsempfinden ausgelöst, das – mäßig genossen – zweifellos eine Erhöhung des Lebensgefühls bewirkt. ... Weil die Zigarette im Gegensatz zu den anderen Tabakprodukten das Inhalieren so leicht macht, weil sie damit so verschwenderisch momentane Lebensfreude spendet. ...« Wer so über das Rauchen spricht, empfindet bestimmt nicht die Notwendigkeit, sich durch großzügige Unterstützung wohltätiger Einrichtungen vom Vorwurf der Gesundheitsschädigung freikaufen zu müssen. Vielmehr glaubt er, »dass wir ohne übergroße Gewissenslast die Verhandlung bis zur Sternstunde der klärenden Wissenschaft vertagen können«.

Ein gesetzliches Rauchverbot erschien ihm ebenso sinnlos wie unzureichend: »Die Lebensfreude lässt sich in einem freiheitlichen Rechtsstaat nicht durch Gesetz reglementieren. Was indes notwendig ist, sind systematische Aufklärung über gesunde Ernährung, Verbesserung der Nahrungsmittelqualität, natürlich auch Geschwindigkeitsbeschränkungen, bessere Straßen und sicherere Autos« – ein weites Feld.

Der Stifter Körber beruft sich – und auch das ist charakteristisch für ihn – auf den griechischen Philosophen Sokrates. Dessen Spruch »Es ist keine Schande, nichts zu wissen, wohl aber, nichts lernen zu wollen« hat er in seinem Unternehmen damals gleich mehrfach an die Wand malen lassen. Die Defizite auf dem Gebiet von Bildung und Ausbildung, die Körber früher wahrgenommen hat als manche, die dazu von Beruf und Auftrag wohl eher berufen gewesen wären als er, standen am Anfang seiner Stiftungsaktivitäten in den fünfziger Jahren. Und auch als Stifter hat er stets gehandelt wie ein Unternehmer. »Stiften bedeutet für mich ... tatsächliche gesellschaftliche Bedürfnisse aufzuspüren und ... damit die erkannten Marktlücken, etwa im Bildungsbereich, zu schließen.«

Die erste solche Aktivität erwuchs denn auch aus den Bedürfnissen der Hauni. Als die ersten größeren Exportaufträge auch aus Entwicklungsländern kamen, baten die Kunden darum, mit den Maschinen auch Fachkräfte zu »liefern«, die damit umgehen konnten. Körber erkannte die »Marktlücke« und beschloss, »neben meinen Hochleistungsmaschinen auch hochqualifizierte Ingenieure zu ›produzieren‹«. Es hätte nahegelegen, Techniker der interessierten Betriebe als Praktikanten in der Hauni im Umgang mit den Hochleistungsmaschinen zu unterweisen. Aber das reichte Körber nicht. Er wollte erreichen, »dass überall auf der Welt bei meinen Kunden und potenziellen Käufern meiner Anlagen und Maschinen technisches Personal anzutreffen war, das in meiner ›Alma mater‹ ausgebildet worden war«, was ihm außerdem »einen nicht zu unterschätzenden Vorteil gegenüber meiner nationalen und internationalen Konkurrenz sicherte«. Also gründete er auf dem Gelände der Hauni in einem eigens dafür ausgestatteten Gebäude das »Tabak Technikum Hamburg (TTH)«, die erste private Ingenieurschule und bislang einzige private Fachschule dieser Art.

Im Sommer 1958 begannen die ersten Studenten ein sechssemestriges Studium, dessen Studiengänge in den kommenden Jahren ständig erweitert wurden, bis hin zur elektronischen Datenverarbeitung und mit Englisch als Pflichtfach. Auch sogenannte Vorgesetzten-Seminare zum Thema Menschenführung wurden angeboten. In den ersten fünf Jahren finanzierte Körber den gesamten Aufwand der Ingenieurausbildung am TTH aus den Mitteln der Hauni allein. Dann aber wuchs das Interesse der tabakverarbeitenden Industrie an der Ausbildung qualifizierter Führungskräfte so stark, dass die betreffenden Unternehmen eine substantielle Kostenbeteiligung anboten – und Körber gründete sogleich einen »Verein zur Förderung der Tabaktechnologie«, dem neben der Hauni 16 Tabakkonzerne aus dem In- und Ausland beitraten.

Daraus wurde später, wiederum auf Körbers Betreiben, der »Internationale Kontaktkreis (IKK)«, dessen mittlerweile 18 Mitglieder jährlich an wechselnden Orten des In- und Auslandes zusammenkommen – eine Kontaktbörse der Konkurrenzfirmen, von der die Hauni nur profitieren konnte.

Der Hamburger Senat beschloss 1964, das TTH in die »Ingenieurschule für Produktions- und Verfahrenstechnik, Bergedorf« umzuwandeln und sie damit den staatlichen Ingenieurschulen nahezu gleichzustellen. Dem Direktor dieser Ingenieurschule bestätigte die Landesregierung später auch das Recht zur Graduierung.

Körbers spektakulärste »Erfindung« aber war, dass er den völlig neuen Studiengang Bioingenieurwesen an der Fachhochschule Hamburg initiierte und finanzierte. Dabei ging es ihm vor allem um die Verbesserung und Neuentwicklung von medizinischem Gerät. Versucht worden war das auch schon im Rahmen der Hauni, dort aber vor allem an Verständigungsschwierigkeiten zwischen den ausführenden Technikern und den anfordernden Medizinern gescheitert. In dem neuen Studiengang sollte der Bioingenieur nicht nur technische, sondern auch biologische und medizinische Kenntnisse erwerben und sich dann der Entwicklung chirurgischer Instrumente, vor allem aber der Geräte zur Unterstützung oder Übernahme lebenswichtiger Körperfunktionen widmen, aber auch technische Versuchsanlagen für die medizinische, pharmakologische und biologische Forschung entwickeln.

Den Anstoß zu solchen Problemlösungen außerhalb der Tabaktechnologie hatten Körbers freundschaftliche Kontakte zu Medizinern, zum Beispiel dem damaligen Chef des Universitätsklinikums Hamburg-Eppendorf, Professor Heinrich Bartelheimer, und dessen damaligem Assistenten, Norbert Heisig, gegeben, die ihm ihre apparativen Probleme in der Praxis demonstrieren konnten. Außerdem war Problemlösung für Kurt Körber wohl die einzige Möglichkeit, mit dem Komplex Krankheit umzugehen: der Versuch also, ihn beseitigen zu helfen.

Deshalb wohl auch hat er die Ingenieure und Techniker seines Unternehmens mehr als nur einmal mit der Entwicklung moderner medizinischer Geräte beschäftigt. Der Auslöser waren, wie eigentlich immer bei Körber, persönliche Erlebnisse und Begegnungen. Einmal zum Beispiel führte Professor Bartelheimer ihn durch die Behandlungsräume seiner Klinik für Nierenkranke. »Wie in einer Alchimistenstube sah es dort aus«, fand Körber angesichts der »primitiven Gerätschaften, die zur Dialyse mit Hilfe eines Krankenhaushandwerkers zusammengebastelt waren«. Folglich ließ er in enger Zusammenarbeit zwischen den Eppendorfer Medizinern und seinen Ingenieuren »ein fahrbares Gerät in der Größe eines Teewagens entwickeln, das sowohl den Dialysedurchsatz erhöhte als auch höchste Messgenauigkeit garantierte. Dabei erwiesen sich Erfahrungen aus der Regeltechnik als nützlich, die in meinem Unternehmen hoch entwickelt war.«

Einen weiteren Versuch, medizinisches Gerät zu bauen, unternahm Körber, weil er aus alten Dresdener Zeiten eine DDR-Berühmtheit, Professor Manfred von Ardenne, kannte. Der hatte die sogenannte Sauerstoff-Mehrschritt-Therapie erfunden, eine medizinwissenschaftlich sehr kritisch beurteilte Methode, an die aber viele Menschen fast wie an ein Wundermittel glaubten; auch Körber war überzeugt davon und wandte die Methode selbst an. Als Ardenne – er durfte als Vorzeigewissenschaftler in den Westen reisen – seine Methode an der TU in Harburg vorstellte, fügte er hinzu, dass er dringend ein Gerät brauche, das Sauerstoff nicht aus Flaschen, sondern aus Strom gewinne, und Körber wollte ihm ein solches Gerät verschaffen. Es wurde dann auch im Unternehmen entwickelt, aber als es herstellungsreif war, modifizierte Ardenne seine Theorie und brauchte das Gerät nicht mehr. Das war sehr ärgerlich für Körber, führte aber offenbar nicht zum Abbruch der Duzfreundschaft, und auch das Gerät »Pro2 Vital« fand seine Abnehmer.

Manfred von Ardenne war ein Herr, der im Grunde gar nicht in den »Arbeiter- und Bauernstaat« passte, aber mit den Wölfen zu heulen verstand und nicht nur viele Privilegien genoss, sondern auch sehr gute Kontakte zu den Spitzenleuten des Regimes hatte. Außerdem war er ein ähnlicher Typ wie Körber, ein Tüftler und unkonventioneller Denker. Jedenfalls war er wichtig und wohl auch hilfreich bei Körbers Versuch, Brücken zu schlagen auch zwischen den beiden deutschen Staaten und Kontakte schon dann herzustellen, wenn diese auf der politischen Handlungsebene noch nicht geknüpft werden konnten.

Ein besonders eindringlicher Appell zur Herstellung besseren medizinischen Geräts aber ist nach einem persönlichen Erlebnis Körbers entstanden, das er auch selbst als »eine kleine hintergründige Weihnachtsgeschichte« aufgeschrieben hat, denn »ich muss – will ich meinen Beitrag zum Wohlergehen der Menschheit leisten, und das ist letzten Endes der Sinn und Zweck meiner Niederschrift – das intime Ding beim Namen nennen«. Das Ding ist letztlich eine stattliche verchromte Klistierspritze, mit der Körber 1959 von einem heftig sächselnden Pfleger namens Frühling – ergebnislos – traktiert worden ist. Er lag nach einem Glatteis-Autounfall acht Tage vor Weihnachten mit vier gebrochenen Rippen und einer Platzwunde am Schädel im Krankenhaus und litt, just am Heiligen Abend, auch noch an einer hartnäckigen Verstopfung. Während dem Patienten schließlich auf konventionelle Weise – und zunächst ebenfalls ergebnislos – ein Einlauf verpasst wurde, »spielte ein Bläserchor im Krankenhausgarten die liebliche Weihnachtsmelodie ›Vom Himmel hoch, da komm ich her‹«. Ein »kleiner Teilerfolg« der ärztlichen Bemühungen und eine schmerzstillende Spritze ermöglichten es Körber schließlich, seine schon seit Stunden auf ihn wartenden Verwandten am Krankenbett zu empfangen.

»Ich schreibe dies nieder als Anregung für Mediziner und Chemiker, hier Abhilfe zu schaffen. Es ist doch einfach unerträglich, im Zeitalter unserer hochentwickelten Wissenschaft und Technik, in dem wir Raketen zum Mond schießen und Atome spalten, eine eingetretene Stuhlgangverstopfung wie im vorliegenden Fall mit einem Emailletopf aus Omas Zeiten und Seifenwasser zur Auflösung bringen zu wollen.« Natürlich hatte er auch eine Idee, wie man es besser machen könnte: »Man nehme eine Sprayflasche, wie sie seit Jahrzehnten für die Zerstäubung kosmetischer und Inhalationsmittel zur Anwendung kommt, und fülle diese mit einer darmschonenden auflösenden Flüssigkeit.« Wer auch immer diesen Appell damals zur Kenntnis genommen haben mag – ungehört verhallt ist er, wie wir heute wissen, jedenfalls nicht.

Als Kurt Körber fünfzig Jahre alt wurde, hatte er sich darüber klar zu werden, was er mit den zehn Millionen, die er inzwischen über den Investitionsbedarf des Unternehmens hinaus, der immer zuerst befriedigt werden musste, erwirtschaftet hatte, anfangen sollte. »Mir war bewusst, dass mein Unternehmenserfolg nicht nur auf meine Leistung und den Einsatz meiner Mitarbeiter zurückzuführen war, sondern ganz wesentlich von der volkswirtschaftlichen Gesamtsituation unseres marktwirtschaftlichen Systems abhing, in die mein Unternehmen eingebettet war, zum Beispiel auch von den Arbeitsleistungen in jenen Dienstleistungsbereichen, die keine Gewinne erzielen konnten, wie Behörden, Schulen, Universitäten, Krankenhäusern und vieles andere mehr.« Dass er dafür Steuern bezahlte, schien ihm nicht zu genügen – wie er denn wohl überhaupt das System der staatlich verordneten Umverteilung ebenso wenig als Basis der sozialen Gerechtigkeit ansah wie die große Geste des Wirtschaftswundermannes, der das Füllhorn üppiger Gewinnbeteiligung über seinen Mitarbeitern ausgießt. »Ich hielt es daher für sozial ungerecht, dass nur diejenigen an meinem Erfolg teilhaben sollten die das ›Glück‹ hatten, bei mir beschäftigt zu sein. Ich entschloss mich also, von den zehn Millionen, die ich ausschütten wollte, nur ein Drittel an meine Belegschaft zu geben, während ich mit den übrigen zwei Dritteln eine Stiftung gründete.«

Diesen Entscheidungsprozess hat Körber dem »Spiegel«-Reporter Peter Brügge in seinem Büro einmal folgendermaßen vorgespielt: »Genießerisch zurückgelehnt in einem von ihm ebenfalls erfundenen automatischen Direktionssessel, erwog er zunächst den Gedanken, das Geld unter seine 2000 Leute zu verschenken. Langsam ging er dabei im Geiste eine Verteilerliste durch, die sich vom Oberingenieur bis hinunter zur Gilde der Pförtner und Raumpflegerinnen erstreckte, die auch etwas abbekommen mussten, falls er sozial verfahren wollte. An diesem Punkt fing er an, sich zu erregen. Was schließlich war ihr Verdienst am Erfolg seiner phänomenalen Filtermaschine? Waren sie daran nicht genauso wenig beteiligt wie die Raumpflegerinnen im Polizeipräsidium? Warum also nicht auch jene einbeziehen in seinen freiwilligen Dukatenregen? Plötzlich schlug der Erfinder energisch auf seinen Spezial-Schreibtisch. ›Schluss!‹ rief er, ›keiner soll was bekommen! Ich mach 'ne Stiftung!‹«

Ob es nun genau so war oder nicht – zu seinem Geburtstag 1959 gründete er die Kurt-A.-Körber-Stiftung, in deren Satzung festgeschrieben ist: »Unmittelbarer und ausschließlicher Zweck der Stiftung ist die Errichtung und Unterhaltung einer Ausbildungs- und Forschungsstätte für industrielle Arbeitsmethoden.« Gedacht war an eine Ingenieurschule für 300 Studierende, wofür Körber 6,6 Millionen DM zur Verfügung stellte. Aus den Zinserträgen wurde zunächst aber, auch als Reaktion auf den wachsenden Bedarf an Führungsnachwuchs für das gehobene Management, eine private Managerschule namens »Lehr- und Forschungsinstitut für industrielle Koordinierung« (LFK) ins Leben gerufen. Dieses LFK existierte mehr als zehn Jahre.

Aber das war es wohl nicht, was Kurt Körber im Sinn hatte, wenn er von »meiner Alma mater« sprach. Auch sollte sich bald herausstellen, wie gravierend die Differenz zwischen dem mäzenatischen Geldgeber, als der Körber gern gesehen wurde, und dem Anstifter, der er in Wahrheit sein wollte, war – und welches Konfliktpotenzial in dieser Differenz steckte.

Körber sah in der Gründung solcher Institute wohl auch eine Vorleistung für seine zu Lebzeiten größte bildungspolitische Initiative, die auf den Bau einer Fachhochschule für Produktions- und Verfahrenstechnik in Bergedorf abzielte, seine eigentliche Alma mater. Darüber aber kam es von Anfang an zu Differenzen zwischen ihm und den staatlichen Instanzen der Hansestadt Hamburg, die er als Bündnispartner und Mitfinanzierer zu gewinnen suchte. Zum einen wollte Körber sich verbindliche Mitspracherechte an der Gestaltung und dem Betrieb der Schule sichern, also eine ähnlich enge Bindung an sein Unternehmen wie beim TTH. Er folgte damit seinem Grundsatz: Wenn er sich an einem Projekt engagiere, »dann will ich auch selbst in die Speichen greifen und dran drehen«. Das aber verweigerten ihm die bildungspolitischen Autoritäten der Hansestadt, denen Körbers Fachhochschule für 300 Studenten ohnehin nicht in ihre Vorstellungen vom Ausbau der Hamburger Bildungspolitik passte. Sie wollten den Neubau einer Ingenieurschule als Fakultät der Fachhochschule Hamburg für 1200 Studierende. Das erhöhte den von der Stadt zu leistenden Zuschuss freilich um ein Mehrfaches. Aber abzublasen war das Projekt dank Körbers vorauseilender Propaganda auch nicht mehr. Helmut Schmidt erinnert sich: »Der damalige Finanzsenator Herbert Weichmann sah sehr wohl, dass ihn die Idee des Anstifters Körber letztlich teuer zu stehen kam, aber er konnte sich der Kraft der Körber'schen Idee und der Sogwirkung der Körber'schen Mitfinanzierung nicht entziehen.« Körber hörte auch nicht auf, die Politiker zu bedrängen. Die Bergedorfer Fachhochschule wurde gebaut und kostete die Hansestadt einen Zuschuss von 50 Millionen DM plus Betriebskosten.

Zur Einweihung am 26. April 1972 wurde Kurt Körber vom Senat nicht eingeladen. Das traf ihn tief. Aber da er inzwischen auch ins ideologische Fadenkreuz der zornigen jungen Männer von der Außerparlamentarischen Opposition, kurz APO, geraten war, erschien es ihm »nur konsequent, dass man bewusst vergaß, mich, den arglistigen Kapitalisten, zur feierlichen Einweihung ›meiner Fachhochschule‹ in Bergedorf einzuladen«. Er hat das Gebäude nach diesem Affront jahrelang nicht betreten – bis ihm dort 1977 in Gegenwart des damaligen Bundespräsidenten Walter Scheel die Freiherr-vom-Stein-Medaille verliehen wurde. Aber er ist, wie jedenfalls Professor Heinz Gretz meint, über den Affront der Nichteinladung nie wirklich hinweggekommen.

War die 1959 gegründete Kurt-A.-Körber-Stiftung in ihrer Zweckbestimmung noch relativ begrenzt, nämlich auf Schaffung und Förderung von Einrichtungen, die der Bildung und der Förderung von Wissenschaft und Forschung dienen, auch im Interesse der Hauni, so wurde zehn Jahre später, zu Körbers 60. Geburtstag, erkennbar, dass der Firmenchef Körber angefangen hatte, darüber nachzudenken, wer einmal seinen Platz als Unternehmer und Eigentümer einnehmen könnte. Dass eine Antwort auf diese Frage sehr schwer zu finden sein würde, war vor allem Körber selbst klar. Er war ein Gründervater ohne eigenen Nachwuchs. Denn dass sein Werk von ihm allein erdacht und aufgebaut worden sei, ohne fremde Hilfe, daran gab es in seinem Selbstverständnis keinen Zweifel, und daran änderte auch die Erinnerung an die Dresdener Universelle und an jenen Startkredit von der Frankfurter Bank aus dem Jahr 1947 gar nichts. Außerdem hatte er selbst mit seiner Überzeugung »Der Mann an der Spitze muss gut sein« die Messlatte extrem hoch gelegt; er sah dieses Prinzip sogar in der Religion bestätigt, und meinte mit dem Mann an der Spitze nicht etwa den Papst, sondern Jesus Christus. Wer gut genug war für die Spitze, das entschied Kurt Körber; schließlich gehörte ihm der Laden. Natürlich hätte es für einen solchen Eigentümer-Unternehmer aus den Gründerjahren der Nachkriegszeit nahegelegen, die Nachfolge des Patriarchen innerhalb der Familie zu regeln. Aber Körber hatte keine Kinder. So mag zu erklären sein, dass in den sechziger Jahren immer wieder Gerüchte die Runde durch die Geschäftsführung machten, Körber gehe mit dem Gedanken um, einen seiner »jungen Leute«, der ihm für die Spitze qualifiziert erschien, zu adoptieren. Zu belegen ist das nicht, und geschehen ist es auch nicht.

Aber Bemühungen um eine familiäre Lösung seiner Nachfolge hat Körber – zumindest zeitweilig – durchaus unternommen. Da er selbst keine Kinder hatte und sein Bruder Erich der Unternehmensführung weder physisch noch psychisch gewachsen erschien, kamen nur dessen Söhne Klaus und Stefan als Kandidaten in Frage. Beide hat Kurt Körber in der Tat aufmerksam beobachtet und ihnen auch Bewährungschancen in seinem Werk gegeben – letztlich ohne Erfolg.

Eines aber war Körber spätestens jetzt sehr klar: Er musste eine andere Rechtsform für seine Nachfolge als Chef und als Inhaber seiner Firma finden. Nach einigen Auseinandersetzungen in der Geschäftsleitung einigte man sich schließlich darauf, dass eine Extrastiftung als Eigentümerin des Unternehmens der richtige Weg sei. Die Hauni-Stiftung wurde gegründet, und zwar als künftige Vermögensträgerin der Hauni-Werke. »Im Zusammenhang mit der Hauni-Stiftung«, so Ulrich Voswinckel, der bei dem Gründungsvorgang mitgewirkt hatte, »verband Körber eine andere Vision (als bei der Kurt-A.-Körber-Stiftung), die schließlich auch umgesetzt wurde, nämlich dass das ganze Vermögen der Stiftung gehören und dass diese eines Tages eine wirklich bedeutende Stiftung sein werde. Neu war das Konzept nicht, sondern es basierte im Grunde auf der rechtlichen Zulassung der Alfried Krupp von Bohlen und Halbach Stiftung. Krupp kam etwa um die gleiche Zeit in eine Situation, dass der Erbe verzichtete und die Konstruktion gefunden wurde, dass eine Stiftung hundert Prozent Eigentum am Unternehmen bekam und dass dies von den Steuerbehörden und der Stiftungsaufsicht genehmigt wurde.«

Parallel zur Hauni-Stiftung wurde die Körber GmbH sozusagen als Ersatz für Körbers Funktion als alleiniger persönlich haftender Gesellschafter in der Hauni-Werke Körber & Co. KG gegründet. Diese GmbH fungierte als Bindeglied zwischen der Stiftung und den Hauni-Werken, und ihre Statuten regelten die Unternehmensleitung neu. Damit hatte Körber das Vermögen seiner Werke vor ungeeigneten Nachfolgern in Sicherheit gebracht, ohne die Position des Mannes aufgeben zu müssen, der in allen entscheidenden Fragen das letzte Wort hat.

Ebenso wichtig aber war Körber, dass die Hauni-Stiftung, der nach und nach weitere Vermögenswerte zuflossen, nicht nur die finanzielle Substanz des Unternehmens für die Zukunft sichern, sondern dieses auch verpflichten sollte, ständig einen Teil des Gewinns für gesamtgesellschaftliche, gemeinnützige Aufgaben zu verwenden. Als Stiftungszweck wurde insbesondere festgeschrieben »die Förderung zweckfreier Forschung, später auch kultureller Vorhaben und Einrichtungen sowie die Förderung der Fürsorge für ältere oder kranke Menschen«. Diesen Zweck hat die Stiftung in vielfältiger Weise erfüllt.

Mit der Gründung der GmbH eröffnete Körber, ohne dass er dies anfangs beabsichtigt oder auch nur im Blick gehabt hätte, neue Möglichkeiten der Unternehmensführung. Er hatte nun sozusagen ein rechtlich passendes Dach für die Übernahme neuer Geschäftszweige, also für die Erweiterung seines Unternehmens geschaffen. Diskussionen darüber, dass Körber sich nach neuen Betätigungsfeldern umsehen sollte, gab es in der Hauni-Geschäftsleitung schon in den sechziger Jahren. Die Befürchtung wurde laut, dass das Geschäft mit den Zigarettenmaschinen nicht ewig so gut laufen werde, jedenfalls nur eine begrenzte wirtschaftliche Perspektive habe. Auch in Anbetracht der andauernden Debatte über die gesundheitlichen Gefahren des Zigarettenrauchens erschien es riskant, das Unternehmen auf nur einem »Bein« stehen zu lassen. Körber wurde angetragen, die in Hamburg-Lokstedt angesiedelte, sehr profitable Firma E. C. H. Will, die Maschinen für die Papierverarbeitung produzierte, zu erwerben. Er ließ sondieren und griff 1970 schließlich zu. Beim Erwerb der Firma Will wurde die Körber GmbH als Holding genutzt.

Grundsätzlich stand Körber solcher Diversifikation skeptisch gegenüber. »Er glaubte nicht richtig daran, dass etwas Neues wirklich gut sei für das Unternehmen«, so der 1968 zum Unternehmen gekommene Ulrich Voswinckel, für den Diversifikation durchaus ein Thema war und den Körber auch 1969 zum Geschäftsführer der Hauni-Stiftung machte. Die letzte Entscheidung über den Erwerb einer Firma aber blieb Chefsache, wohl auch weil Körber befürchtete, den Überblick über sein zunehmend diversifiziertes Unternehmen zu verlieren, mindestens aber den persönlichen Zugriff, den er auf die Produktion der Hauni jederzeit gehabt hatte. Dennoch ging die Diversifikation weiter, wennschon ohne klares Konzept.

Der nächste Übernahmekandidat war in der Tat ein Problemfall. Die ebenfalls in Bergedorf ansässige Schleifmaschinenfabrik Blohm war sanierungsreif geworden, und der Bundestagsabgeordnete des Wahlkreises Bergedorf, Helmut Schmidt, bat seinen Freund Körber, bei der Sanierung zu helfen und etwas dafür zu tun, dass es nicht zum Verlust von Arbeitsplätzen komme. Man kann nicht behaupten, dass diese Herausforderung für Körber wie gerufen kam; die Schleifmaschinenbranche war für die Hauni-Leute neu. Aber Körber wollte durch die Erhaltung der Arbeitsplätze Helmut Schmidt einen Gefallen tun, sein Image als erfolgreicher Geschäftsmann behalten und außerdem beweisen, dass ein marktwirtschaftlich arbeitender Unternehmer staatlichen Eingriffen bei der »Rettung« von Betrieben und Arbeitskräften überlegen sei. Einfach war das gewiss nicht. Aber Körber übernahm Blohm – anders als Will, die in der Körber-Gruppe eine selbständige Firma blieb – in sein Unternehmen und setzte Eberhard Reuther, der freilich »keine Ahnung hatte, was es so umfassend bedeutete, persönlich haftender Gesellschaft zu sein«, auf die Sanierung an, zur Bewährung sozusagen. Es dauerte eine Weile, aber das Wagnis gelang. Blohm und damit die Schleifmaschinentechnik wurden zum eigenständigen Zweig der Körber-Gruppe.

Es ist gewiss legitim, dass Eberhard Reuther den Wunsch hatte, ja seine Aufgabe darin sah, diese unsystematische Art der gleichwohl rapide fortschreitenden Diversifizierung zu professionalisieren und allgemein verständlich zu machen – keine leichte Übung, wenn es, wie hier, um eine Chefsache geht. Reuther ging auf die Suche nach einem gemeinsamen Dach für die unterdessen mehrgliedrig gewordene Unternehmensgruppe, nach einer Corporate Identity. »Von Corporate Design und Corporate Identity hatten wir alle damals keine Ahnung.« Deshalb beauftragte er eine kleine Bergedorfer Agentur – und das war der Fehler –, Vorschläge zu formulieren. Vor lauter Freude über diesen Auftrag teilte die Agentur einem Branchendienst mit, dass sie an einer Corporate Identity für die Körber-Firmen arbeite. Diese Notiz wiederum las man in der Wirtschaftsredaktion der »Welt« und beauftragte einen freien Autor vor Ort, daraus einen Artikel zu machen. Der Journalist recherchierte aber offenbar nur bei jener Agentur. Mit Eberhard Reuther hat er jedenfalls nicht gesprochen. Als sein Artikel unter der Überschrift »Hauni hat sich auf die Suche nach seiner Identität begeben« in der »Welt«-Ausgabe vom 11. November 1986 auf Körbers Schreibtisch landete, wurde dieser zum Epizentrum eines schweren Erdbebens in der Firma.

Reuther wurde von einem Kongress in Bonn nach Bergedorf zurückbeordert, dort von Körber zunächst nicht empfangen, dann aber von ihm »verstoßen« – so klang es jedenfalls in Reuthers Ohren: »Er wirkte eiskalt und völlig verändert. Er warf mir sinngemäß vor, ich wolle mich von ihm abnabeln und sein Lebenswerk kaputtmachen. Ich sei von meinen Aufgaben entbunden.« Dass er mit dem Autor des Artikels gar nicht gesprochen hatte, glaubte Körber dem völlig geschockten Reuther nicht. »Es gab zwar keine formale Kündigung, aber es klang so, dass er sozusagen mit mir Schluss gemacht hatte.« Dabei blieb es natürlich nicht. »Aber es dauerte mehrere Tage oder gar Wochen, bis Körber einlenkte und mich zum Weitermachen aufforderte.«

Solange Kurt Körber lebte, war er die Corporate Identity, Punktum. Aber schon zu seinen Lebzeiten gelang es im Lauf der Jahre Reuther und Körbers führenden Mitarbeitern dann doch, den Chef davon zu überzeugen, dass der bislang unsystematisch und konzeptlos gewachsene Konzern einer Ordnung bedürfe, die auch von Außenstehenden als solche erkannt werden könne. 1981 entschloss sich Körber, die beiden existierenden Stiftungen zusammenzuführen als Körber-Stiftung. Diese sollte erst nach seinem Tod alleinige Eigentümerin der Körber-Werke werden, und die, bisher als GmbH geführt, sollten in eine AG umgewandelt werden – wovon Körber zunächst nicht eben begeistert war. Aber 1987 stimmte er der Gründung der Aktiengesellschaft zu, bestimmte Reuther zum Vorstandsvorsitzenden und sich selbst zum Vorsitzenden des Aufsichtsrates. Rechtlich wurde die Kurt-A.-Körber-Stiftung liquidiert und die Hauni-Stiftung in die Körber-Stiftung umgewandelt, die seit Körbers Tod einziger Aktionär der Unternehmensgruppe ist. Weil Kurt Körber ohnehin beabsichtigte, auch sein privates Vermögen der Stiftung zu vermachen, war die folgende Überlegung für ihn wohl ausschlaggebend: »Da die Stiftung im Erbfall das Grundkapital der Körber AG zu 100 Prozent erhält und dafür (als gemeinnützige Stiftung) keine Erbschaftssteuer zahlen muss, ist der Bestand der Unternehmensgruppe ohne Einflussnahme von außen, beispielsweise fremder Kapitalgeber, für die Zukunft gewährleistet.«

Aber Kurt Körber war sich gegen Ende seines Lebens darüber klar geworden, dass »meine Richtlinienkompetenz als alleiniger Eigentümer der Unternehmensgruppe und meine gesellschaftliche Verantwortung als Stifter keine Nachfolge in einer einzigen Person finden können«, sondern »organisch von verschiedenen Verantwortungsträgern wahrgenommen werden müssen«. Diese Einsicht findet ihren – man ist versucht zu sagen: erfinderischen – Ausdruck in der noch von Körber beeinflussten Konstruktion der Organe sowohl der Unternehmensgruppe, also der AG, aber auch der Stiftung (Vorstand, Stiftungsrat und Kuratorium) und besonders in deren personeller Vernetzung.

Körber war auch in dieser Phase der Entwicklung seines Lebenswerks nicht willens und in der Lage, den Unternehmer und den Stifter getrennt voneinander zu sehen. »Für mich ist die Stiftung nicht irgendein persönliches Hobby, das ich mir leiste, wie andere sich aufwendige Hobbys leisten, sondern meine Lebensaufgabe sehe ich darin verwirklicht, dass ich die ökonomische Zielsetzung, nämlich ... materielle Gewinne zu erzielen, verbunden habe mit der sozialkulturellen Zielsetzung, die Gesellschaft, in der und von der ich lebe, durch gemeinnützige Aktivitäten zu stärken.«

Hinter diesem wie ein Refrain formulierten Credo, aber eigentlich hinter allem, was der Stifter Körber auf den Weg gebracht hat, verbirgt sich das Heimweh nach der Gründerzeit, die ihn geprägt hat – ein Heimweh, das ihn bis zu seinem Tod nicht verlassen hat. Er entbehrte schmerzlich »das große gemeinsame Erlebnis«, das damals »die Vorurteile, Neid, Intrigen und Misstrauen in breiten Schichten minderte und beiseiteräumte.« Damals war es »die gemeinsame Not, das gleiche unerbittliche Schicksal und die uns alle angehende Aufgabe, uns eine neue Lebensgrundlage zu schaffen«. Diese gemeinsame Not versuchte der erfolgreiche, auch reich gewordene Mann nun durch seine Anstöße zur Lösung jener gesellschaftlichen Probleme zu ersetzen, die das verbreitete Wohlstandsdenken ungelöst gelassen, ja kaum beachtet hatte. In Wahrheit war der Anstifter Körber nicht glücklich damit, dass die Studentenproteste Ende der sechziger Jahre nicht mehr bewirkt hatten zur Veränderung der Gesellschaft. Denn mit deren Entwicklung war Kurt Körber keineswegs zufrieden.

An seinem 70. Geburtstag hat er das ganz deutlich gesagt: »Insbesondere die kulturelle Revolution der Jugend ... kann nicht nach ihren Exzessen beurteilt werden. Sie war die Konsequenz der Tatsache, dass die Industriegesellschaft der Nachkriegszeit moralisch nicht durchgehalten hat. Ihre Entwicklung ist in einem flachen Materialismus steckengeblieben.« Die ökonomischen Erfolge und auch die materiellen Leistungen im Sozialhaushalt der Bundesrepublik leugnet Körber durchaus nicht. »›Moralisch‹ hingegen hat sie sich defizitär entwickelt auf dem Weg zu einer bürokratischen Demokratie, die Ideen durch Verwaltung und ›Ordnung‹ ersetzen will. Dazwischen sprießen dann ›Bürgerinitiativen‹.«

In der Tat waren Kurt Körber und die Achtundsechziger nicht so weit auseinander, wie es den Anschein hatte. »Materielles Wohlergehen hat noch nie eine junge Generation davon abgebracht, nach Ideen zu suchen, für die es zu leben und zu kämpfen lohnt«, so steht es im »Profit-Programm«, Körbers Autobiografie. »Der Wiederaufbau unseres Landes hatte die Kriegsgeneration so in Anspruch genommen, dass die geistige Formung der Gesellschaft dabei zu kurz gekommen war. Diejenigen, die den Mangel gespürt hatten, waren durch die Aushöhlung vieler Werte in der Folge des Dritten Reiches zumeist so verunsichert, dass sie sprachlos geblieben waren. Die Bundesrepublik Deutschland drohte in den sechziger Jahren in plattem Materialismus zu erstarren. Die Achtundsechziger fanden also auf eine richtige Frage nur die falsche Antwort. Die Lehre aus dieser Zeit lautet: Keine Gesellschaft kann auf Dauer existieren, wenn sie nicht von Ideen getragen wird. Wenn Wohlstand auch die Grundlage aller höheren Kultur ist, kann er doch niemals ihr Ziel sein.«

Folgerichtig war Körber der Meinung, man solle diese jungen Leute nicht nur widerlegen, sondern auch integrieren, solle sie nicht bekämpfen, sondern von der falschen Vorstellung kurieren, die sie von den Kapitalisten hatten. »Der Chef sagte immer«, so Ingeborg Felsmann:

»Man muss die jungen Leute einfach in die Pflicht nehmen, auch diese ganze APO, und wenn die dann integriert sind, ändern sie sich. ... Körber sagte immer, dass sich das wieder gebe.« Sogar für die ziemlich rüden Angriffe auf die von ihm initiierten und anschubfinanzierten Fachschulen – es sei Körber gelungen, »Millionen Steuergelder abzukassieren, um aus Fachbereichen der staatlichen Fachhochschule ein Rekrutierungsfeld für seine und die ihm befreundeten Unternehmen zu machen« – zeigte er ein gewisses Verständnis: »Verständlich, dass in einer Zeit tief greifender gesellschaftlicher Veränderungen gerade unter kritischen Schülern, Lehrlingen und Studenten dieses bildungspolitische Engagement als ›von Privat- und Industrie-Interesse getriebene Initiative verkannt wurde.« Gleichwohl mochte er es überhaupt nicht, wenn »seine« jungen Leute zu Protestversammlungen der APO gingen, um zu hören, was dort gegen die Hauni vorgebracht wurde, auch um Körber vor Ort verteidigen zu können. Wenn »Bergedorfer Kommunisten«, so die Reaktion des Chefs, etwas veranstalteten, gehe man gar nicht erst hin.

Die Auseinandersetzung spitzte sich zu, als die von der APO geforderten gesellschaftlichen Veränderungen dem unternehmerischen Credo Körbers, nämlich seiner alleinigen Verfügungsmacht über die Produktionsmittel und seiner Entscheidungsbefugnis über den Kurs des Unternehmens, gefährlich zu werden drohten – also beim Thema Mitbestimmung. Für Ulrich Voswinckel zum Beispiel war es hochinteressant zu erleben, dass Körber zuerst nicht so recht wusste, was er davon halten sollte. Er war und blieb gefühlsmäßig immer gegen Mitbestimmung von außerhalb des Betriebs, also hatte er sich mit dem Problem bislang auch nicht besonders intensiv beschäftigt. Es fiel ihm sehr schwer, dazu eine klare Position zu beziehen. Er wusste nicht, ob er sich jetzt gegen die paritätische Mitbestimmung aussprechen sollte oder nicht.

Bisher hatte er stets mit Erfolg versucht, den sich abzeichnenden wirtschaftspolitischen Veränderungen zuvorzukommen. Schon 1961, also lange bevor die Tarifpartner sich über eine Verkürzung der Arbeitszeit einigen konnten, hatte Hauni schon die Fünftagewoche; 1967 erst wurde die Vierzigstundenwoche bundesweit zur Regelarbeitszeit, wobei Körber davon ausgehen konnte, dass seine führenden Mitarbeiter bei Bedarf länger arbeiten würden. Auch mit dem Betriebsverfassungsgesetz der fünfziger Jahre war er zurechtgekommen. Die Betriebsräte waren schließlich Leute aus seinem Unternehmen, mit denen er umgehen und die er vielleicht nicht »beatmen«, aber doch beeinflussen konnte. Auch den Wünschen des Betriebsrats, die Belegschaft am betrieblichen Vermögen zu beteiligen, kam er durch eine Erfolgsbeteiligung entgegen. Von 1970 an wurden alle Arbeiter und Angestellten über ihren Lohn hinaus am Gewinn des Unternehmens beteiligt; 20 Prozent davon wurden nach einem differenzierten Schlüssel jährlich in Form einer Lebensversicherung und einer Barauszahlung an die Belegschaft verteilt – aber gekoppelt an das Betriebsergebnis und nicht in Form einer Festzahlung.

Auch der »paritätischen Mitbestimmung« versuchte Körber durch eine eigene »Erfindung« zu begegnen: die »Stufenselektion«. Sie wurde 1969 bei Hauni eingeführt – als ein Abstimmungsverfahren »zur Beurteilung der menschlichen Verhaltensweisen der vorgeschlagenen Kandidaten aus der Sicht seiner ihm später direkt unterstellten Mitarbeiter«. Das heißt, von der Geschäftsleitung vorgeschlagene Vorgesetzte mussten sich einer Abstimmung ihrer rangnächsten Mitarbeiter stellen (beim Gruppenleiter waren das die Angehörigen der Gruppe, beim Bereichsleiter die Abteilungsleiter sowie der Vorsitzende des Betriebsrats und dessen Stellvertreter), bevor sie den Job antreten konnten. Dies setzte natürlich voraus, dass die Kandidaten bereit waren, sich einem solchen Verfahren zu stellen, dessen Risiken und Nebenwirkungen auch von einigen Angehörigen der Geschäftsleitung deutlich gesehen wurden – etwa die Gefahr, eine Führungskraft durch ein wie auch immer motiviertes schlechtes Abstimmungsergebnis von vornherein zu beschädigen. Immerhin: Die paritätische Mitbestimmung wurde nach schweren parlamentarischen Auseinandersetzungen erst 1976 Gesetz, die Stufenselektion gab es bei Hauni von 1969 bis 1992.

In der Öffentlichkeit fand das Modell durchaus Beachtung; die APO aber sah darin bloß einen »Bluff mit der Mitbestimmung«. So war ein Artikel in der linken, mit der APO eng verbundenen Zeitschrift »konkret« überschrieben, der die Neuerungen bei Hauni als »eindeutig reaktionär und auf Verschleierung der Machtverhältnisse im Betrieb abgestellt« kritisierte. Eine mehrere Jahre dauernde Kampagne der APO gegen Körber sollte ihn, so ein studentisches Flugblatt, als besonders gewieften »Interessenvertreter des Monopolkapitals« darstellen, der auch die Fachhochschule in Bergedorf nur gegründet habe, damit dort »Ingenieure für Hauni ausgebildet« werden, »und die Hamburger zahlen es«. Auch die Gewerkschaften sahen in dem innovativen Unternehmer eher ein Fossil aus vergangenen Zeiten, einen Mann, »der alles auf das Individuelle abstellt. Ich glaube nicht«, so ein Bergedorfer IG-Metall-Funktionär, »dass das noch in die Zeit passt.«

Der Innovator Körber wird das wohl als beleidigend empfunden haben, was ihn aber nicht davon abhielt, weiterhin über individuelle Lösungen für die Unternehmensführung und ihrer Nachfolge nachzudenken – auch nachdem er durch die Gründung der GmbH deutlich gemacht hatte, dass er nicht mehr an die Möglichkeit einer quasi dynastischen Nachfolge-Lösung für den Eigentümer-Unternehmer glaubte. Im Gesellschaftsvertrag der Körber GmbH wurde ein – von Körber erfundenes – Verfahren festgelegt, »das die sorgfältige Auswahl des Nachfolgers, der dann Geschäftsführer der GmbH sein wird, nach meiner Überzeugung sichert«. Körber erfand und ernannte eine 17-köpfige Wahlkörperschaft, die – nach dem Vorbild der Papstwahl, des Konklaves – so lange geheim abstimmen sollte, bis 75 Prozent der Abstimmenden sich auf einen Kandidaten (den ersten Kandidaten wollte Körber selbst benennen) geeinigt hatten. Diese Wahlkörperschaft sollte nach Körbers Willen aber auch das Recht haben, »mich selbst zum Rücktritt von der Firmenleitung aufzufordern. Finden sich dafür mehr als 75 Prozent der Stimmen, trete ich zurück.« Wirksam wurde diese unkonventionelle Regelung aber allenfalls im Bereich der PR – etwa nach der Melodie: »Hier kann man seinen Chef entlassen.« Was natürlich nicht zur Debatte stand. Jene Wahlkörperschaft hat nie getagt.

Die APO war von solchem »Klimbim« vielleicht amüsiert, aber nicht beeindruckt. Hauni und Körber boten sich für die APO aber auch deshalb als Zielobjekte an, weil diese ihr »Hauptquartier« samt Wohngemeinschaft damals in einem Gebäude unmittelbar neben dem Werksgelände der Hauni in Bergedorf eingerichtet hatte. Tatsächlich fand die Kampagne auch im Werk einen gewissen Widerhall, besonders bei den Lehrlingen. »Die machten, zugespitzt formuliert, was sie wollten«, so Körbers Generalbevollmächtigter und enger Vertrauter Hermann Tenter, und brachten dadurch Meister, Vorarbeiter und sogar Betriebsleiter an den Rand der Verzweiflung. Es gelang den APO-Aktivisten unter den Lehrlingen auch, 1969 monatelang eine alternative Betriebszeitung, ein Pamphlet gegen den Monopolkapitalisten Körber namens »Hauni-Klimbim«, herauszubringen und vor den Werkstoren zu verteilen.

Dass solche Attacken bis in sein Unternehmen vordringen und sich dort artikulieren konnten, hat Kurt Körber sichtlich erschüttert. Auch dass die APO-Aktivisten vor den Toren des Hauses, als dessen Herr und Hüter er sich sah, Krawall machen konnten (was vorkam), erschütterte ihn zutiefst. Hannelore Weise, die während einer solchen APO-Demonstration in Körbers Büro war, erlebte, was sie nie zuvor und auch danach nie wieder erlebte, nämlich »wie er in dieser Situation einen Schwindelanfall bekam und sich einen Moment auf seine Liege legen musste. Er war völlig erschüttert, und in diesem Augenblick brach für ihn erkennbar eine Welt zusammen. Dass man sich gerade ihn ausgesucht hatte, der ganz anderes im Sinn hatte als andere Unternehmer, das konnte er nicht verstehen.«

Als die APO-Aktivisten unter den Lehrlingen ihre Kritik an Körber und der Hauni auch in einem Interview für das TV-Magazin »Monitor« äußerten und immer mehr Druck auf die Meister des Werkes ausübten, sah sich die Geschäftsleitung gezwungen zu handeln. Sie kündigte zwei der Aktivisten fristlos mit der Begründung, sie hätten sich geweigert, Anweisungen ihrer Vorgesetzten zu befolgen, und hätten Hauni-interne Angelegenheiten widerrechtlich publiziert. Die Gefeuerten wurden aber an andere Hamburger Betriebe vermittelt, in denen sie ihre Ausbildung fortsetzen konnten.

Einer von ihnen, Thomas Jakubasch, wurde später Arzt und sorgte bei dem an den Entlassungen beteiligten späteren Personalchef der Hauni, Dr. Helmut Becker-Floris, für eine Schrecksekunde, als dieser sich während eines Krankenhausaufenthalts einem Stationsarzt konfrontiert sah, auf dessen Namensschild Jakubasch stand. Aber inzwischen war so viel Zeit seit der Studentenrevolte vergangen, dass die beiden über die unerwartete Begegnung entspannt lachen konnten.

Das wäre 1971 noch nicht möglich gewesen. Im November dieses Jahres nämlich veranstaltete der Allgemeine Studentenausschuss (AStA) der Hamburger Universität ein sogenanntes Körber-Tribunal, das vor allem Körbers anstifterisches Engagement in der Bildungspolitik, speziell die Bergedorfer Fachhochschule, als besonders heuchlerisches Manöver eines knallharten Monopolkapitalisten im Visier hatte. Der AStA munitionierte sich für diese Veranstaltung vor allem bei der Bergedorfer APO.

Der angeklagte Körber entsandte jenen jungen Mann als Beobachter zum Tribunal ins Audimax, der auf Empfehlung von Hermann Tenter als Ausbildungsleiter zur Betreuung der rebellischen Jugendlichen der Hauni eingestellt worden war und dort vermittelnd gewirkt, sich aber auch dem Verdacht einiger Herren der Geschäftsleitung ausgesetzt hatte, ein Agent der APO zu sein: nämlich Eberhard Reuther. Der machte damals aus seiner Sympathie für gewisse Ideen der APO keinen Hehl; als

Student in Berlin hatte er auch gegen Springer demonstriert. Was er aber bei dem Tribunal im Audimax zu hören bekam, empörte ihn: Körber sei ein Ausbeuter, dem man die Maske des »guten« Kapitalisten vom Gesicht reißen müsse und der durch sein Wedeln mit dem Scheckbuch eine geordnete Bildungsplanung zerstöre. Reuther meldete sich zu Wort, nannte diese Vorwürfe falsch und unsinnig, wurde ausgebuht und musste das Podium verlassen.

Die Berichte über Reuthers Auftritt weckten Körbers Interesse und auch seine Sympathie. Er hatte durchaus ein Faible für Querdenker – vor allem wenn diese innerhalb ihres Aufgabengebiets effektiv funktionierten. Auch hatte er sich trotz seiner Erschütterung über die APO-Krawalle, oder vielleicht eben deswegen, noch nicht völlig von seiner These verabschiedet, die rebellischen jungen Leute würden Vernunft annehmen, sobald sie integriert seien. Er sollte bald Gelegenheit zu dem Versuch bekommen, die Richtigkeit dieser These zu erproben.

Den Anstoß dazu gab wieder einer seiner jungen Leute, Horst Rödinger, der 1963 als Assistent der Geschäftsleitung zur Hauni gekommen war und dem später in Körbers Stiftungsaktivitäten mehrere wichtige Funktionen übertragen wurden. Zum Beispiel war er verantwortlicher Sekretär des Bergedorfer Gesprächskreises (von dem noch ausführlich die Rede sein wird), und in dieser Eigenschaft empfahl er Körber, zum Thema Hochschulreform Jens Litten in den Gesprächskreis einzuladen, einen der damaligen Meinungsführer der Linken an der Universität Hamburg, mit dem Rödinger sich während seines Soziologiestudiums angefreundet hatte. Litten war, vor allem kraft seiner brillanten Rhetorik, einer der Stars der Achtundsechziger und entschlossen, es auch zu bleiben, jedenfalls ein Star. Er wechselte vom Sozialistischen Deutschen Studentenbund (SDS) zum Sozialdemokratischen Hochschulbund (SHB) und wurde dort stellvertretender Vorsitzender mit bundesweiter Zuständigkeit. Es war gewiss nicht ohne Risiko, einen derart exponierten Linken in den Bergedorfer Gesprächskreis einzuladen, in dem linke Intellektuelle zwar vertreten, aber in der Regel nicht dominierend waren.

Jens Litten jedoch dominierte diesen Gesprächskreis und machte dabei von Anfang an einen so nachhaltigen Eindruck auf Körber, dass der ihn immer wieder einlud – auch zum persönlichen Meinungsaustausch, der mehrere Jahre andauerte. Körber unterstützte in dieser Zeit den bereits verheirateten, aber mittellosen Litten nicht nur finanziell beim Studium, sondern intervenierte auch bei Bürgermeister Weichmann mit dem Ziel, dass Jens Litten von der Anklage des Landfriedensbruchs wegen Teilnahme an der Demonstration vor dem Springer-Verlagshaus freikam. Körber wurde ferner prominentes Mitglied in einem Hamburger Bürgerkomitee, das sich während der Studentenunruhen gebildet hatte, denn: »Es geht nicht an, dass sich die Fronten zwischen Studenten und Politikern weiter verhärten. Darum sind Gespräche ohne jede Vorbedingung notwendig. Wir wollen sie vermitteln.«

Es gibt ernst zu nehmende Indizien dafür, dass Körbers Interesse an Jens Litten noch erheblich weiter ging. Dass er ihm eine führende Position in der Geschäftsführung angeboten hat, bestätigen die entsetzten Reaktionen einiger Mitglieder dieses Gremiums auf die Idee des Chefs, einen Mann, der zwar gut reden kann, aber keine Ahnung von Unternehmensführung hat, in die Geschäftsleitung zu berufen. Es kam denn auch nicht dazu. Als Körber wenige Jahre später Eberhard Reuther und Dieter Tenter, den Sohn von Hermann Tenter, zu Kommanditisten ernannte, dämmerte den – wiederum schockierten – Herren der Geschäftsleitung, dass Kurt Körber ernstlich überlegte, wer ihm einmal nachfolgen könne, und dass er allenfalls Querdenkern zutraute, so innovativ zu denken und so rastlos unkonventionell zu handeln wie er selbst. »Der Mut, Experimente zu wagen, in einem Alter, in dem die meisten Mitglieder Ihrer Generation doch wohl als vornehmste Tugend die Pflege von überkommenen oder selbst geschaffenen Traditionen betrachten, gibt nicht nur zu denken, dieser Mut setzt in unserer Zeit Maßstäbe«, so Jens Litten in einem Gratulationsbrief zu Körbers 60. Geburtstag.

Wenn der Jubilar wirklich vorgehabt haben sollte, und solche Gerüchte gab es, den – inzwischen geschiedenen – Jens Litten am Tegernsee mit der Tochter seines Freundes Dr. Laprell zu verheiraten oder ihn gar zu adoptieren, dann hat ihn davor vielleicht die Erkenntnis bewahrt, dass Litten die These von der Integrierbarkeit der rebellischen Jugend auf eine Weise bestätigt hatte, die gerade einem Kurt Körber unheimlich sein musste. »Längst ist aus dem studentischen Hitzkopf ein kühl berechnender Überzeugungskapitalist geworden«, schrieb der »Spiegel« 1987 über Litten. »Ein üppiger Landsitz in der Nähe von Nizza legt Zeugnis davon ab.« Auf die Straße und an die Spitze der Studentenbewegung wollte der Sohn eines Hamburger Börsensyndikus ohnehin nur aus Jux und Dollerei gekommen sein. In einem »Nachruf auf den SDS« rechnete er mit den alten Genossen ab. Er entwickelte für den Zigarettenkonzern BAT den »HB-Bildatlas«, für die Lufthansa das »Bordbuch«, für Springer ein »Leitbild-Magazin« und lag mit fast allen Auftraggebern alsbald im Clinch über Honorare beziehungsweise Abfindungen, die er, am liebsten in Millionenhöhe, für sich reklamierte. Und damit verlor Kurt Körber das Interesse an Jens Litten.

Dass die Industriegesellschaft der Nachkriegszeit »moralisch nicht durchgehalten« habe, ist für den Stifter Körber zum Cantus firmus seiner öffentlichen Äußerungen geworden – und zur persönlichen Erkenntnis: »Nach der Katastrophe von Dresden, die meine Lebenseinstellung völlig verändert hat, und im Bewusstsein des unermesslichen Leides, das Krieg und Naziherrschaft so vielen Menschen und Gesellschaften vor allem in Europa gebracht hatten, war mir vom Anfang meiner Karriere an klar, dass sich die ›neue‹ Gesellschaft in Deutschland auf die Dauer nicht durch materielle Leistungen allein legitimieren konnte.« Der für einen zuweilen knallhart agierenden Geschäftsmann etwas zu »getragene« Tonfall dieser Statements mag mit dem verklärenden Rückblick eines Erfolgreichen, der seine Memoiren schreibt, zu erklären sein. Ernst gemeint war das allemal.

Im März 1977, als ein Mann im »Rentenalter«, hat Kurt Körber den Rotariern am Tegernsee in einem Vortrag mit dem Titel »Ist der Fortschritt noch ein Fortschritt?« in einer Weise die Leviten gelesen, die weder an seiner Ernsthaftigkeit noch an seiner Bereitschaft, »alternativ« zu denken, einen Zweifel lassen. »Wenn die Befriedigung materieller Bedürfnisse – wie bei uns – die vorherrschende Antriebskraft in einer Gesellschaft ist, wird die Gesellschaft unfähig, auch nur die elementarsten Probleme des täglichen Lebens zu lösen.« Dann bleibe nur die »vage Hoffnung auf den Erfindungsreichtum, der unsere nachfolgenden Generationen vor Not und Elend bewahren könnte«. Die Industrialisierung mit ihrem Wachstums-Fetischismus nach immer mehr Umsatz, nach der immer größer werdenden Zahl, habe ein Absinken der »seelischen Temperatur« in diesem Lande mit sich gebracht. Was wir also brauchen, ist Abstand vom rationalistischen Zeitgeist, »wir brauchen einen anderen Way of life«.

Wer so redet, will Veränderung. Und im Effekt fordert er die Politik heraus, sie zustande zu bringen. Er will ihr sagen, was zu tun sei und wie. Körber selbst hatte, wie ein wichtiger politischer Ratgeber, Rüdiger Altmann, richtig erkannt hat, keinen politischen Ehrgeiz im engeren Sinne. Er hatte, so Altmann, auch »kein klares Bild von den notwendigen Veränderungen, aber er hatte dafür einen Instinkt. Er wollte der sein, der er war, und auf seine Weise beitragen zur Antwort auf die Frage, wie die Wirklichkeit verändert werden kann.« Er wäre nie auf die Idee gekommen, selbst als Politiker die nötigen Entscheidungen treffen zu wollen, schon gar nicht in Abhängigkeit von den Beschlüssen irgendeines Parteigremiums. Denn das hatte er erfahren: »Politische Entscheidungen liegen nicht am Anfang des Weges. Sie bekräftigen die Entwicklung, sobald sie im Gange ist. Aber sie begründen sie nicht, vor allem nicht wenn, wie bei uns, die Bürokratie die Gesetzgebungsinitiative besitzt.«

Also musste er etwas erfinden, was geeignet und in der Lage war, die als notwendig erkannte Entwicklung zu begründen und in Gang zu bringen.

Und Körber erfand den Bergedorfer Gesprächskreis – »meine beste Erfindung«, wie er oft und gern gesagt hat. Das heißt, erfunden haben den Gesprächskreis in Wahrheit zwei seiner Vorzeige-Akademiker, nämlich Professor Friedrich Wilhelm Schoberth und Dr. Gerhard Böhme. Sie haben den Gesprächskreis 1961 auch gegründet – ursprünglich als eine Art Think Tank für Körbers Ingenieurschule und als eine Einrichtung der Hauni-PR, deren Kosten von der Steuer abgesetzt werden konnten. Körber hat daraus dann aber das gemacht, was er eigentlich haben wollte: ein Instrument, mit dessen Hilfe man Politik beeinflussen, den Politikern die Richtung weisen kann. In einem Fernsehporträt über den Anstifter Körber hat er das auch ganz unverhohlen gesagt: »Wissen Sie, die Politiker suchen ja nicht nach der Wahrheit, die suchen nach der Mehrheit.« Bei der Suche nach der Wahrheit brauchten sie Hilfe – ein Forum außerhalb des Politbetriebs. Und das sollten sie von Körber bekommen.

Die Methodik des Bergedorfer Gesprächskreises war dezidiert unpolitisch. Er war eine Art Konklave, tagte unter Ausschluss der Öffentlichkeit – die Medien hatten keinen Zugang, bis auf einzelne, als Gesprächsteilnehmer eingeladene Journalisten – und veröffentlichte nach geraumer Zeit nur die sorgsam redigierten, mit allen Rednern abgestimmten Protokolle. Die Zielsetzung des Gesprächskreises aber war eindeutig politisch. Körber verbarg das auch nicht: »Um es noch deutlicher zu sagen: Der Staat verdankt seine Stabilität und Funktionsfähigkeit der Industriegesellschaft, von der er getragen wird, und das ist keineswegs nur eine nationale Angelegenheit. Deshalb sollte sich der Bergedorfer Gesprächskreis den industriellen Gesellschaften, also ihren Kernproblemen, ihren Konflikten und ihrer Zusammenarbeit widmen.« Das tat er auch, und darauf gründete seine Bedeutung. Er sollte Einfluss nehmen auf die Entstehung von Politik. Eines seiner Leitmotive borgte er von einem Politiker, von John F. Kennedy: »Wir wollen die Gewissheit haben, dass wir alle Tatsachen kennen, alle Alternativen geprüft und jede Kritik gehört haben.«

Rüdiger Altmann, der viel zur politischen Ausrichtung des Gesprächskreises beigetragen und Körbers Intentionen formuliert hat, sagt dazu: »Im Grunde war es so, dass der Bergedorfer Gesprächskreis sein Sprachrohr werden sollte. Dementsprechend wurden Teilnehmer ausgesucht, die sich kompetent zu den ausgewählten Themen äußern und so Einfluss auf Regierung, Parteien und Öffentlichkeit nehmen konnten. Das war sein Ziel. Aber Körber wollte dabei unabhängig bleiben, wollte der bleiben, der er war, sich nicht in eine Rolle begeben, die nicht zu ihm passte. Es gelang ihm, seine Identität vollkommen zu wahren.«

Das hat ihm bei der Einladung hochkarätiger Teilnehmer des Gesprächskreises sicherlich geholfen. Er strahlte dabei eine ähnliche Faszination aus wie in seinem Unternehmen. Körber war ja, so menschenverachtend er gelegentlich agieren konnte, auch ein großer Menschenfänger. Wenn er jemanden wirklich haben wollte, dann kriegte er den oder die auch. Wen er einmal zum Ziel seiner Charme-Offensive gemacht hatte, der oder die spürte schnell, dass jeder Widerstand dagegen zwecklos war. Und da Körber sich in der Gegenwart hoher staatlicher Würdenträger ebenso wohl fühlte wie in der Gegenwart intelligenter Querdenker, bat er beide in seine Tafelrunde. Und in der Regel kamen auch beide. Weder die Wahl der Themen noch die Wahl der Teilnehmer scheute die Kontroverse; im Gegenteil.

Da saß Kurt Körber als Gastgeber dann also inmitten von Staatsoberhäuptern wie Richard von Weizsäcker, Regierungschefs wie Helmut Schmidt oder Ministern wie Volker Rühe auf der einen, liberalen Vordenkern wie Ralf Dahrendorf oder Marion Gräfin Dönhoff und Opponenten wie dem Linksintellektuellen und notorischen Adenauer-Kritiker Eugen Kogon (»Der SS-Staat«), dem linken Rechtsanwalt Otto Schily (zeitweilig auch einem APO-Star wie Jens Litten) auf der anderen Seite – und schwieg. Das heißt, er hörte zu. Ganz gegen seine Gewohnheit hielt er sich in den Debatten mit eigenen Beiträgen meistens sehr zurück, wohl auch weil er sich bei vielen wissenschaftlichen Themen nicht kompetent genug fühlte. Aber wer ihn kannte, entdeckte in seiner Mimik immer wieder das Wetterleuchten der Überlegungen des Erfinders und Umsetzers, wie man das soeben Gehörte konkretisieren, in Aktion umsetzen könnte. Und wenn er dann doch einmal eingriff in die Debatte, dann beruhte das – so die Beobachtung seines Statthalters Professor Heinz Gretz – »weniger auf sehr klugen, genau durchdachten und von politischer Erfahrung durchsetzten Stellungnahmen, sondern vielmehr auf seiner Art, die Dinge unkompliziert und sehr menschlich zu betrachten. Dies war oft viel förderlicher als die wohl formulierte Meinung eines teilnehmenden großen Politikers.« Körber sprach als Gastgeber regelmäßig ein einführendes Vorwort und am Ende das Schlusswort – beide für ihn formuliert meistens von Professor Schoberth. Zu Horst Rödinger, der 1963 zunächst als Assistent, dann als Nachfolger von Gerhard Böhme zum Gesprächskreis kam, hat Körber einmal gesagt, diese Protokolle des Gesprächskreises, die Rödinger zu betreuen hatte, seien ja sehr gut; das Einzige, was er manchmal nicht verstanden habe, sei sein Vorwort.

Wenn er selbst einer breiten Öffentlichkeit etwas mitteilen wollte, was er für wichtig hielt, schrieb er lieber einen kurzen, relativ schlicht formulierten Artikel und schickte ihn an eine Zeitung, zum Beispiel an das »Hamburger Abendblatt«, und ließ den gedruckten Artikel dann anhand einer handschriftlich verfassten Namensliste von seinem Büro an etwa fünfzig Multiplikatoren, Politiker und Entscheidungsträger verschicken, zu deren täglicher Lektüre eine Regionalzeitung wohl nicht zählte oder die den Artikel übersehen haben könnten.

Was Kurt Körber an seiner »besten Erfindung« immer gestört hat, das war die von Schoberth und Böhme als Grundsatz formulierte Ergebnisoffenheit des Diskurses im Bergedorfer Gesprächskreis. Er sah zwar, dass dieser Grundsatz seiner Tafelrunde weltweit geachtete Disputanten ganz unterschiedlicher, ja konträrer Disziplinen und Denkweisen zugeführt hatte, aber es ging ihm gegen den Strich, dass aus den dabei (vor allem von ihm selbst) gewonnenen Erkenntnissen nicht wenigstens eine Empfehlung, ein Hinweis auf deren Anwendbarkeit in der veränderungsbedürftigen Realität hervorgehen sollte.

Ähnliche Überlegungen mögen Eugen Kogon, dem der Gesprächskreis und auch Körber selbst viele Denkanstöße verdankten, dazu veranlasst haben, nach einigen Jahren den Anspruch zu erheben, nicht mehr nur als Ideengeber zu fungieren, sondern offiziell in die Organisation des Bergedorfer Gesprächskreises eingebunden zu werden. Körber lehnte das mit dem Argument, man wolle ein unabhängiges Gremium bleiben, so rigoros ab, dass Kogon sich ein Stück zurückzog. Körber hatte den Gesprächskreis bereits aus der steuergünstigen Nähe zu seinem Unternehmen in die alleinige Verantwortung und Finanzierung der Kurt-A.-Körber-Stiftung genommen, in der er das letzte Wort hatte. Aber sein Unbehagen an der Ergebnisoffenheit des Gesprächskreises wurde dadurch nicht geringer.

Spätestens Mitte der achtziger Jahre war seine Unzufriedenheit mit dieser Veranstaltung, die offenkundig zwar große Ausstrahlung auf ihre Teilnehmer hatte, aber nur eine sehr geringe Wirkung nach außen, so groß geworden, dass sein Interesse daran zu schwinden drohte. Er musste einfach etwas daran verändern, vor allem im Interesse der Wirkung nach außen. Also versuchte er, Schoberth und Böhme dafür zu gewinnen, nicht weiter ergebnisoffene Gespräche zu führen, sondern die Tagungen des Gesprächskreises nur einmal im Jahr, statt wie bisher vierteljährlich, stattfinden, dann aber mit konkreten Empfehlungen für Politik und Gesellschaft enden zu lassen. Beide sahen darin einen Verstoß gegen die zentrale Voraussetzung für den Erfolg des Gesprächskreises und widersprachen heftig – wohl wissend, dass sie Verbündete brauchten, um Körber von seinem Vorhaben abbringen zu können. Einen solchen fanden sie in Rüdiger Altmann, der es unternahm, Körber beizubringen, es sei eine »Illusion, dass aus Empfehlungen Handlungen herausspringen«. Dies von einem Wegbereiter wie Rüdiger Altmann zu hören, muss hart gewesen sein für Kurt Körber.

Aber er gab nach. Er verzichtete auf die empfehlungsorientierte Umgestaltung des Gesprächskreises, bestand dafür aber auf dessen Politisierung, die sich in der Wahl der Themen und in der Wahl der Teilnehmer ausdrückte, und die kamen künftig sowohl aus dem Westen wie aus dem Osten. Am 24. und 25. März 1968 trafen sich im Bergedorfer Schloss, das Körber als eine Art Stammsitz des Gesprächskreises hatte herrichten lassen, zum Thema »Fördern die Bündnissysteme die Sicherheit Europas?« Politiker von beiderseits des Eisernen Vorhangs zu einem kontroversen Dialog.

Es wurde deutlich, dass der Gesprächskreis sich einem der nicht nur innenpolitisch umstrittensten Themen der Nachkriegsgeschichte anzunehmen gedachte, nämlich der »neuen Ostpolitik«. Körber hatte eine neue Aufgabe für seine Tafelrunde gefunden – nämlich die des »Eisbrechers« in den politischen Kontroversen zwischen

Ost und West. »Ich habe auch in Zeiten des wieder einsetzenden Kalten Krieges ganz bewusst auf Gesprächsbereitschaft vertraut, wenn der Dialog in einer neuen Eiszeit wieder einzufrieren drohte.« Das war mehrfach der Fall. Der Einmarsch der Sowjetunion in Afghanistan zum Beispiel oder der sogenannte Nato-Doppelbeschluss verwandelten den Ost-West-Dialog zumindest zeitweilig wieder in schiere Konfrontation.

Was hat den erfolgreichen Bergedorfer Maschinenbauer dazu motiviert, warum hat er im Dialog zwischen Ost und West für sich eine Aufgabe gesehen? Sein Freund Helmut Schmidt hat zehn Jahre nach Körbers Tod darauf eine bemerkenswerte Antwort gegeben: »Weil Körber Ossi und Wessi in einer Person war.« Wie kann ein Mensch beides sein? Kurt Körber hat das in einem Interview zu seinem 80. Geburtstag selbst so erklärt: »Ich habe mein ganzes Leben und das, was ich mir aufbauen konnte, im System so organisiert, dass es zwischen Ost und West liegt.«

Ein Grenzgänger? Ein Wanderer zwischen den Ideologien? Es hat solche gegeben. Kurt Körber gehörte nicht dazu. Er war ein überzeugter Anhänger des kapitalistischen Systems, freilich einer ohne jegliche Berührungsangst gegenüber den Repräsentanten des sozialistischen Systems. Er setzte wohl auch auf deren Verführbarkeit, vor allem aber auf die unübersehbare Überlegenheit der westlichen Wirtschaftsordnung. Er war der erste – und zumindest in Hamburg damals einzige – bundesrepublikanische Unternehmer, der bereit war, eine sowjetische Wirtschaftsdelegation in sein Werk einzuladen und dort mit den Entsandten zu diskutieren. »Wir sollten uns nicht dadurch entmutigen lassen«, hat er den Organisatoren seiner Ost-West-Gesprächskreise gesagt, »dass die UdSSR nur sattelfeste Kommunisten in die BRD reisen lässt. So fest kann ein Sattel auch beim überzeugendsten Funktionär mit falschen Vorstellungen über die Bundesrepublik gar nicht geschnallt werden, dass er sich der ganz anderen Wirklichkeit bei uns auf die Dauer verschließen kann.« Ohne Zweifel hat Körber immer gewusst, dass die Sowjetunion die entscheidende Führungsmacht des Ostens war, und eben darum hat er deren Repräsentanten immer wieder klarzumachen versucht, dass sie ihr System in Richtung Marktwirtschaft verändern müssten, wenn sie ihre ökonomischen Probleme lösen und ihr Ansehen in der Welt verbessern wollten.

Kurt Körber, Ossi und Wessi in einer Person, hat nicht viele Worte gebraucht, hat nie ideologische Kategorien bemühen müssen, wenn er seine persönliche Überzeugung deutlich machen wollte:

»Am Osten«, in dem er aufgewachsen war, »gefällt mir die starke Sozialbindung des Kapitals; dass erst mal die Grundbedürfnisse abgesichert werden. Man hat dann zwar überzogen, deshalb ist der Kommunismus ja kaputtgegangen«, so Körber 1989 in einem »Welt«-Interview.

»Am Westen«, in dem er reich und berühmt geworden ist, »gefällt mir nicht die mangelnde Sozialbindung des Kapitals. Wir haben furchtbar viele wohlhabende Menschen, die über ihren eigenen Investitionsbedarf hinaus – ich spreche jetzt mal von Unternehmen – Mittel freimachen könnten, um Lücken in der Gesellschaft zu schließen.«

Es ist gut möglich, dass Körber hoffte, mit dem »Eisbrecher« seiner Verständigungsgespräche auch die »politische Großwetterlage« verändern zu können. In der Realität war es eher umgekehrt. Zwar hatte Körber auch nach einem kontrovers verlaufenen Ost-West-Gespräch 1968 den Kontakt zu seinen sowjetischen Gesprächspartnern aufrechterhalten können. Aber der Einmarsch der Truppen des Warschauer Paktes unter Vorantritt der Sowjetunion in die ehemalige ČSSR zur Unterdrückung des »Prager Frühlings« belastete die Ost-West-Beziehungen so erheblich, dass auch der Bergedorfer Gesprächskreis die Folgen zu spüren bekam. Körbers dringender Wunsch, 1969 eine Tagung in der Sowjetunion abhalten zu können, blieb unerfüllt, und zu der »Ersatzveranstaltung« in Bergedorf mit dem Thema »Welchen Spielraum hat die Entspannungspolitik?« erschienen die eingeladenen Russen nicht.

Das änderte sich erst mit der »Großwetterlage« nach dem Amtsantritt der sozialliberalen Regierung und der von Willy Brandt forcierten Entspannungspolitik. Im Juni 1970, also noch vor der Unterzeichung des Moskauer Vertrages zwischen der UdSSR und der Bundesrepublik, konnte die erste Tagung des Gesprächskreises in der Sowjetunion, in Leningrad, stattfinden. In diesem Kreis formulierte der DDR-Historiker Jürgen Kuczynski zur Empörung der westlichen Teilnehmer die These von der »Restnation Bundesrepublik« und damit sozusagen einen Alleinvertretungsanspruch der DDR. Dennoch zeigte sich, dass Körbers Position – verglichen jedenfalls mit den Empfehlungen, die er den Handelsleuten seines Unternehmens zu geben pflegte – eine Art Wandel erfahren hatte. Bei einer Zusammenarbeit, so Körber in Leningrad, müsse man »sowohl die Interessen seines Unternehmens als auch die des jeweiligen Vertragspartners berücksichtigen«.

Der »Erfinder« des »Wandels durch Annäherung« und wahre politische »Eisbrecher« der sozialliberalen Ostpolitik, Egon Bahr, als einer der Vordenker Willy Brandts auch Gast im Bergedorfer Gesprächskreis, war in Moskau schon früher als Fürsprecher Körbers aufgefallen. »Ich habe meinen Gesprächspartnern in Moskau gesagt«, so Bahr: »Ihr kennt mich und meine Einstellung, und ich kann euch nur empfehlen: Nehmt den Mann ernst. Er ist einer der wenigen angesehenen, unabhängigen Leute in der BRD, denen es ernst ist mit den Beziehungen zwischen unseren beiden Ländern, und zwar unabhängig vom jeweiligen Auf und Ab.«

Dennoch ist Kurt Körber von keiner sozialliberalen Regierung, auch nicht als sein Freund Schmidt deren Kanzler war, in offizieller Eigenschaft zur Mitreise in die Sowjetunion eingeladen worden. Erst im Oktober 1988, als Helmut Kohl Kanzler war und die Fundamente des Sowjetimperiums schon zu bröckeln begannen, konnte Körber als offizielles Mitglied der Kanzlerdelegation nach Moskau reisen. Dabei lernte er Michail Gorbatschow persönlich kennen, und der gefiel ihm. Vielleicht dachte er schon damals darüber nach, wie dem Mann geholfen werden könne – und dass er bald Hilfe brauchen werde. Ein knappes Jahr später sagte er in jenem »Welt«-Interview: »Wissen Sie, jede Perestrojka, wie immer sie gemacht wird, ist eine halbe Schwangerschaft, solange sie nicht dieses gewaltige kreative Potenzial, den Erfindungsreichtum in der Bevölkerung freilegt.« Und im »Profit-Programm« findet sich folgende treffende Formulierung über Gorbatschow: »Je mehr ich über ihn und seine historische Rolle nachdenke, desto mehr wird er mir indessen immer wieder zum Rätsel: wider Willen und halb unbewusst ein Mann der schöpferischen Zerstörung.«

Gewiss war der Bergedorfer Gesprächskreis vor allem Körbers Brückenschlag zwischen Ost und West. Aber er war auch seine Brücke zu den Regierenden. Etliche Teilnehmer des Gesprächskreises, der ja nicht nur in Bergedorf, sondern oft und gern in den Machtzentralen der Welt, einmal sogar im Vatikan, tagte, konnten bei der Herstellung des Kontaktes zwischen Körber und den jeweils Regierenden behilflich sein. Was aber drängte den Unternehmer Körber zu solchen Kontakten, was interessierte ihn so sehr an der Nähe zu Regierungschefs und

Staatspräsidenten? Seine viel zitierte Eitelkeit, die ja auch seine Freunde nicht bestreiten, reicht da als Begründung nicht aus. Die Regierenden interessierten Körber in ihrer Eigenschaft als Umsetzer, als »Macher«, deren Aufgabe es ist, »etwas zu tun«, und damit die Welt zu verändern. Und wahrscheinlich trieb ihn auch die Überzeugung an, er, der Erfinder, der Umsetzer, der notorische Problemlöser, könne auch oder gerade diesen Leuten sagen, was sie anders, wie sie es besser machen könnten – vor allem natürlich den Leuten im Osten.

Liest man die Briefe mit Vorschlägen, die Körber an Michail Gorbatschow und dann auch an Boris Jelzin geschrieben hat, kann man sich dieses Eindrucks nicht erwehren. Ende der achtziger Jahre hat Körber überlegt, »wie ich selbst helfen könnte, die Reform in der UdSSR zu fördern«. Jedenfalls machte er Gorbatschow bei einem Besuch im Kreml als offizieller Begleiter des Kanzlers Kohl 1988 das Angebot, zehn sowjetische Ingenieure in seinem Unternehmen und auf Kosten seiner Stiftung zu Marktwirtschaftlern auszubilden. So entstand das »Körber Kolleg GUS«, das bis zu seiner Beendigung 1998 unter der Leitung von Hans-Heinrich Bruns und seines Kollegen Dieter Galinski fast 200 junge Leute ausgebildet hat. »Wir machten zehn Durchgänge«, so Bruns, »die anfangs 18 Monate dauerten, später reduzierten wir auf 15 Monate, die immer mit einem dreimonatigen Grundstudium ›Sprache‹ in Moskau begannen. Nach diesem Crash-Kurs kamen die jungen Ingenieure für 12 bis 15 Monate hierher. Die wichtigste Zeit war die des Praktikums«, vermutlich für alle Beteiligten.

Natürlich wussten Bruns und Galinski, dass ihr Chef bei alledem auch das wirtschaftliche Wohlergehen der Körber-Gruppe im Sinn hatte. Bruns: »Das heißt, der russische Markt ist für uns immer ein interessanter Markt gewesen, und so war Körber auch begeistert vom Umsturz dort 1989.« Am 23. Oktober 1990 präzisierte er in einer Telefonkonferenz mit seinen wichtigsten Mitstreitern in der Geschäftsführung seine russischen Pläne so: »Angesichts des großen potenziellen Marktes für die Produkte der Körber-Gruppe, insbesondere zur Zeit der Sparte Tabak, wünscht Dr. Körber die Gründung einer Niederlassung der Körber AG in der ehemaligen Sowjetunion«, heißt es im Protokoll. Zweitens »wünscht Dr. Körber die Gründung eines Körber-Kollegs in Moskau ... als Grundstein für den späteren Aufbau einer Akademie von Führungskräften der Wirtschaft.« Denn für Körber stand fest, »dass die wirtschaftliche Erneuerung der ehemaligen Sowjetunion nur dann Erfolg haben wird, wenn in den Köpfen der Verantwortlichen auf allen Ebenen unternehmerisches Denken Einzug hält.«

Dass dies nicht geschehen würde, weil in den Köpfen der Verantwortlichen eine Ideologie vorherrschte, von der wiederum Körber überhaupt nichts wissen wollte, das muss ihm im Lauf seiner Bemühungen um einen Brückenschlag zwischen den Systemen in Ost und West eigentlich klar geworden sein. Denn sein Erfolg oder Misserfolg als Brückenbauer war immer abhängig von der politischen Großwetterlage, die er nicht ernsthaft beeinflussen konnte. Und auch im Kopf des Unternehmers Körber dominierten ja Ideen, die er keinesfalls zu verleugnen bereit war. Aber dies bedeutete für ihn keinen ideologischen Wettstreit, keine Konkurrenz der Ideen. Als Empiriker und Mann der Praxis versuchte er, seinen Gesprächspartnern zu sagen: Versucht es doch einfach mal so wie ich, und es wird euch besser gehen, ihr werdet eure Probleme lösen.

Kurt Körber, der sich selbst als Mann zwischen den Systemen sah, blieb auch als Grenzgänger zwischen Ost und West der erfolgreiche Kapitalist, der durchaus zu differenzieren wusste zwischen seinem, auch emotional gesteuerten, »Ich tu was«-Impuls und seinem konkreten Handeln als Geschäftsmann, dessen Existenz nicht zuletzt von seiner Einschätzung der Risiken abhängt. Er hatte, wie Ulrich Voswinckel einmal gesagt hat, »green fingers«, das heißt, er erkannte beizeiten, was ein Fass ohne Boden war oder hätte werden können. So war er auch strikt gegen die – von manchen seiner Gesprächspartner favorisierten – Joint Ventures mit Unternehmen im Osten – vor allem deshalb, weil man ihm dort niemals 51 Prozent der Anteile überlassen hätte. Und wo er nicht das Sagen haben konnte, beteiligte er sich nicht.

Besonders bei dem Bestreben, Brücken zwischen den beiden deutschen Staaten zu bauen, war der Handel immer schneller als die Politik. Ende der sechziger Jahre wurde bei der Hauni erstmals die Errichtung zweier Zigarettenfabriken in Ost-Berlin und in Dresden geordert. 1976 belieferte Hauni eine Zigarettenfabrik in Nordhausen, DDR, mit modernen Maschinen und schickte Mitarbeiter zur Betreuung der Montage. Mit Bulgarien hatte Körber schon vorher Geschäfte gemacht, und andere Mitgliedsländer des Warschauer Paktes folgten.

Das wichtigste Bindemittel in Körbers Bemühen um eine deutsch-deutsche Verständigung aber blieben der Bergedorfer Gesprächskreis und seine Mitglieder. Professor Max Schmidt, der schon in Leningrad dabei war und 1973 als Leiter des Instituts für Internationale Politik und Wirtschaft in der DDR (IPW) zum wichtigsten Ansprechpartner für den Gesprächskreis in Ost-Berlin wurde, räumte von Anfang an ein, dass Körber in das Bild, das er bislang von einem Kapitalisten gehabt habe, nicht hineinpasse. Sogar das Ministerium für Staatssicherheit beurteilte den Gesprächskreis erstaunlich positiv. Dieser Kreis setze sich für eine progressive Ostpolitik ein, und seine Teilnehmer, so die Stasi, »gehören im wesentlichen nicht zu den extrem konservativen und reaktionären Kräften«.

Dennoch blieb der Gesprächskreis gerade im Bereich der deutsch-deutschen Beziehungen extrem abhängig von der aktuellen politischen Situation. Zwei Versuche Körbers, Tagungen des Gesprächskreises in der DDR zu veranstalten, scheiterten: beim Thema Wirtschaftsbeziehungen zwischen Ost und West am Einspruch des Politbüro-Mitglieds und stellvertretenden Staatsratsvorsitzenden für Wirtschaftsfragen Günter Mittag und 1987 am Einspruch des Staatsratsvorsitzenden Erich Honecker, der 1987 als erster DDR-Potentat einen schon länger geplanten Staatsbesuch in der Bundesrepublik machte, was in Moskau misstrauisch beobachtet wurde; dort befürchtete man angesichts der neuen westlichen Ostpolitik wohl ein Abdriften der DDR aus dem sowjetischen Machtbereich. Was die DDR in diesen Verdacht brachte, waren zum einen Reaktionen auf wirtschaftliche Zwänge; man wollte in Ost-Berlin durch Kooperationen und Ausweitung des Ost-West-Handels ökonomische und technische Bedürfnisse befriedigen, die von der Einbindung in das sozialistische Lager nicht erfüllt werden konnten; zum anderen ging es um die internationale Anerkennung der DDR. Solche Tendenzen waren manchen Leuten in Moskau, aber auch in Ost-Berlin nicht geheuer; der DDR-Außenminister Otto Winzer hat Egon Bahrs These vom Wandel durch Annäherung einmal »Konterrevolution auf Filzlatschen« genannt.

Nicht nur Kurt Körber glaubte wohl, mehr Bewegung in die deutsch-deutschen Beziehungen bringen zu können, wenn er nur die Chance bekäme, selbst mit den Spitzenfunktionären der DDR zu reden, auch Professor Max Schmidt vom Ost-Berliner IPW spielte um diese Zeit mit dem Gedanken, Honecker und Körber zusammenzubringen, weil er der Meinung war: »Körber kann Menschen überzeugen.« Max Schmidt, und nicht er allein, war damals der Meinung, die Annäherung der beiden deutschen Staaten solle »in Richtung einer Konföderation mit zwei verschiedenen Gesellschaftsordnungen gehen, und das Weitere überlässt man der Geschichte.« Dafür waren in der DDR-Führung nicht viele zu gewinnen, »aber von solchen Gesprächen mit Leuten wie Körber versprach ich mir natürlich, dass sich dieser Gedanke festigt«.

Ein solches Gespräch kam erst 1989, quasi bereits im Kielwasser von Gorbatschows »Glasnost«, zustande, als der Bergedorfer Gesprächskreis endlich in Dresden über »Globale Umweltproblematik als gemeinsame Überlebensfrage – neue Kooperationsformen zwischen Ost und West« hatte tagen können. Unmittelbar nach der Tagung fuhr Körber mit Schmidt nach Ost-Berlin und wurde von Honecker zu einem »persönlichen Meinungsaustausch« empfangen. Ein Duell entgegengesetzter Ideologien darf man sich darunter nicht vorstellen, wohl überhaupt kein besonders substantielles Gespräch. Körbers Angebot an die DDR-Regierung, auf Kosten seiner Stiftung zehn Nachwuchswissenschaftler ein Jahr lang in der Bundesrepublik studieren zu lassen, war bereits im September 1988 angenommen und realisiert worden. Das Gespräch war eine Enttäuschung – besonders für Kurt Körber. Der Öffentlichkeit gegenüber sagte er zwar, er habe »einen sehr guten Eindruck« vom Staatsratsvorsitzenden gewonnen; intern aber, auch gegenüber Max

Schmidt, machte er keinen Hehl aus seiner Verwunderung über das geringe Format des Politikers, der ihm da gegenübergesessen hatte. Er hielt Honecker und den von ihm geführten Staatsrat weder für willens noch für fähig, die nötigen politischen Veränderungen in der DDR noch rechtzeitig auf den Weg zu bringen – und er sollte damit recht behalten.

Die einzige Zusage, die Körber dem 80 Minuten dauernden Gespräch mit Honecker entnehmen konnte, war das Versprechen, die DDR werde sich an einer von Körber geplanten internationalen Abrüstungsbriefmarke beteiligen. Damit hängte sich Honecker an eine symbolische Geste an, die Körber 1988 als Delegationsmitglied des Kanzlers Kohl wie eine Art Gastgeschenk vom Vorsitzenden des »Sowjetischen Friedenskomitees«, dem Schriftsteller Genrich Borowik, »in Würdigung der jahrzehntelangen Bemühungen des Bergedorfer Gesprächskreises für Frieden und Abrüstung« überreicht worden war: ein Raketensplitter von der ersten sowjetischen SS-12-Mittelstreckenrakete, die nach dem INF-Vertrag zwischen den USA und der UdSSR über die Reduzierung von Mittelstreckenwaffen 1987 in Kasachstan verschrottet worden war. Für Kurt Körber war dieser Raketensplitter eine so wichtige Ehrung, dass er ihm zu Hause in Bergedorf auf dem Werksgelände ein »Denkmal« errichten ließ. Der Splitter war auf einer goldbeschrifteten weißen Marmortafel befestigt, die in einer Vitrine stand, auf deren Sockel aus rotem Granit »Piece for Peace« stand. Aber das, fand Körber, war nicht genug. Er wollte das Bild des Raketensplitters, wie gesagt, auf einer Friedensbriefmarke verewigt sehen. Doch was Honecker ihm folgenlos zusagen konnte, fand bei den bundesrepublikanischen Offiziellen, die von Körber bestürmt wurden, tätig zu werden, offenkundig kein Echo – anders als bei der österreichischen Bundespost, die 1959 sogar Körbers Spiegelpackmaschine auf einer Briefmarke verewigt hatte.

Sozusagen fünf Minuten vor zwölf, nur ein paar Monate bevor »das Leben« die Funktionärselite der DDR für ihr politisches Zuspätkommen bestrafte, wie Michail Gorbatschow ihr vorausgesagt hatte, gelang es der DDR-Führung noch, Kurt Körber eine Ehre zu erweisen, die in seiner Biografie gewiss eine bedeutendere Rolle spielt als jener Raketensplitter aus der kasachischen Wüste. Ihm wurde am 4. Juli 1989, sinnigerweise am amerikanischen Nationalfeiertag, von der Technischen Universität Dresden »für seine Leistungen als Ingenieur und Erfinder, sein Wirken für die humane Gestaltung des wissenschaftlich-technischen Fortschritts und sein Eintreten für die Zusammenarbeit der unterschiedlichen Gesellschaftssysteme die akademische Würde eines Doktor-Ingenieurs ehrenhalber verliehen«. Am Zustandekommen dieser – die »Wende« gewissermaßen antizipierenden – Auszeichnung hatte Professor Max Schmidt, mit Flankenschutz Manfred von Ardennes, gewiss entscheidenden Anteil. Den üppigen »Doktorschmaus«

im »Interhotel« Bellevue am Elbufer veranstaltete und finanzierte Körber zur Erleichterung der eigentlichen Gastgeber selbst. Bei der Begrüßung seiner Gäste mochte Körber sich die Feststellung nicht verkneifen, dass die TU Dresden mit der Verleihung der Ehrendoktorwürde an ihn nun einen Monopolkapitalisten in den Reihen ihrer Ehrenpromovenden aufzuweisen habe; auch daran könne man den Strukturwandel in der DDR erkennen. Die »Wende«, wie gesagt, war nicht mehr fern.

Am Vortag der Verleihung war Körber in Ost-Berlin von Honeckers Stellvertreter, dem für die Wirtschaft zuständigen Politbüro-Mitglied Günter Mittag, empfangen worden. Das Gespräch dürfte den »persönlichen Meinungsaustausch« mit Honecker an Ergebnislosigkeit noch übertroffen haben. Körbers politische Unbefangenheit, seine Offenheit, ja Naivität im Umgang mit einem von ihm grundsätzlich abgelehnten, heftig kritisierten System dürfte einen in diesem System einbetonierten Funktionär wie Mittag einigermaßen fassungslos gelassen haben. Ein von Körber mitgebrachtes, symbolisch gemeintes Geschenk – zwei Metallspiralen, in denen ein Rad auf der einen Seite hinab und auf der anderen wieder hinaufrollt, genannt »Spiraculum« – missverstand Mittag als Mitbringsel für sein Enkelkind.

Nachdem das SED-Regime zusammengebrochen und die Mauer gefallen war, leistete Körber erst einmal praktische Hilfe. Den Dresdenern schenkte er dort dringend benötigte Baumaschinen im Wert von einer

Million DM – die von einem medienwirksamen LKW-Konvoi dorthin gebracht wurden. Jedenfalls erwartete Körber allen Ernstes, dass Dresdens Oberbürgermeister Wolfgang Berghofer von einer Sondersitzung der nun von Hans Modrow geführten DDR-Regierung in Ost-Berlin nach Dresden eile, um der Aktion das gebührende politische Gewicht zu geben. Im Mai 1990 schenkte Körber den Dresdener Schulen 40 000 Unterrichtsbücher, zu deren Verteilung er den in dieser Rolle vielleicht nicht optimal besetzten, von Körber aber wegen seines Charismas bewunderten Willy Brandt gewinnen konnte.

Kurt Körber gründete zwar spontan eine Filiale seiner Stiftung in Dresden und bekam dafür auch ein Haus am Barteldesplatz 2, das er gründlich renovierte, aber er gehörte nicht zu den Unternehmern, die zum Sturmangriff zwecks Eroberung des neuen Marktes, der sich da aufzutun schien, antraten, indem sie zum Beispiel Supermärkte, Autohäuser und »Spaßbäder« auf die grüne Wiese klotzten. Der Bergedorfer Gesprächskreis begleitete den Umbruchprozess mit kritischen, nachdenklichen Fragestellungen (»Wie geht es weiter mit den Deutschen in Europa?«). Gewiss hatte Körber die Führungscrew seines Unternehmens angehalten, nach unterstützenswerten Betrieben in Ostdeutschland Ausschau zu halten, die in der Lage wären, Arbeitsplätze zu erhalten; zugleich ermutigte er in einem Artikel für das »Hamburger Abendblatt« die DDR-Bürger dazu, ihre historische Chance wahrzunehmen, in der Heimat zu bleiben und in der ersten Reihe beim Aufbau ihrer Wirtschaft mitzuhelfen. Erst nach der Wiedervereinigung übernahm die Körber AG einige Firmen aus den neuen Bundesländern – und auch das erst nach eingehender Prüfung der Geschäftslage.

So risikobewusst und bedächtig Kurt Körber sein konnte, wenn es darum ging, Geschäfte zu machen, so ungestüm und grenzüberschreitend konnte er sein, wenn es ans Stiften ging. Für den Stifter galt noch zwingender als für den Unternehmer das »Zweite Körber'sche Gesetz«: »Wenn ich etwas mache, muss es ein Unikat sein, muss es besser sein und höher bewertet als alles, was es bereits gibt.« Zweifel daran, dass der Bergedorfer Gesprächskreis, wiewohl ein Unikat und hoch geachtet, die Spitze seines stifterischen Wirkens sei, hat Körber immer wieder gehabt. Was ihm hier fehlte, war die weithin sichtbare und spürbare Umsetzung der gewonnenen Erkenntnisse in praktische Politik – denn dafür konnten oder wollten auch die teilnehmenden Spitzenpolitiker offenbar nicht garantieren.

Anfang der achtziger Jahre suchte Körber nach Alternativen zum Bergedorfer Gesprächskreis, mindestens nach Ergänzungen, die konkrete Ergebnisse versprachen. Im April 1983 sprach er mit Richard von Weizsäcker am Tegernsee, wo der damalige Regierende Bürgermeister von Berlin ebenfalls ein Feriendomizil hatte, über die Gründung einer »Deutschlandbrücke«, für die sich auf Seiten der DDR Manfred von Ardenne engagieren sollte.

Körber hatte Weizsäcker zuvor angeboten, im Falle seiner Mitwirkung eine neue deutschlandpolitische Stiftung mit einem Kapital von zwei Millionen zu gründen und ihr auch ein Büro in Bonn und einen Beirat mit Rüdiger Altmann als Sprecher zu finanzieren. Von Weizsäcker beurteilte die politische Lage zu diesem Zeitpunkt, laut einer Aktennotiz von 1983, zwar als sehr günstig für ein solches Vorhaben; aber nachdem er 1984 zum Bundespräsidenten gewählt worden war, konnte er einer privaten deutschlandpolitischen Initiative nicht mehr vorsitzen.

So intensiv Körber sich für seine diversen Stiftungsaktivitäten um das Scheinwerferlicht der öffentlichen Wahrnehmung und für sich selbst um einen Platz an der Rampe bemühte – er war unzufrieden mit dem Erreichten. Im April 1982 sagte er überraschend und ohne Angabe von Gründen seine Teilnahme an der auf den 24. Mai einberufenen Tagung des Bergedorfer Gesprächskreises ab. Er war frustriert. Er wollte endlich Taten, sprich Ergebnisse, sehen. Um die Stiftung kümmerte er sich jetzt so intensiv wie um sein Unternehmen in dessen Anfängen. »Er prüft zur Zeit jede Stiftungsausgabe«, schreibt Gerhard Böhme im April ziemlich verblüfft an Rüdiger Altmann.

Im Juni 1982 ist sogar von einem allgemeinen Sparappell die Rede und von dem Wunsch Dr. Körbers, im Rahmen der Stiftung noch strenger die Ausgaben unter Kontrolle zu halten. Das gelte auch für Reise- und Bewirtungsspesen (zum Beispiel keine Flüge 1. Klasse mehr). Ein zufriedener Stifter verordnet so etwas nicht. Aber warum war er unzufrieden?

Was Körber in Wahrheit wollte und was keine seiner Stiftungsaktivitäten ihm bieten konnte, war ein Club der Regierenden und Regierungserfahrenen, der – von ihm berufen und beraten – die Lösung der politischen Probleme in Angriff nahm. Eine Illusion? Nicht für Kurt Körber. Für ihn war das zunächst einmal eine Frage der Kompetenz und der Prominenz. In einem Papier vom 15. Januar 1982 projektiert er die Gründung eines »Alpha-Omega-Kreises« aus »Persönlichkeiten, die aus ihrer Erfahrung Konzeptionen für die Zukunft Europas entwerfen« können. Der Stifter, also er, lädt dazu ein, und die Körber-Stiftung stellt die materielle Basis zur Verfügung. Als Mitglieder gewonnen werden sollen »höchstrangige Persönlichkeiten«, für die der Club dadurch »attraktiv« werden soll, dass ihm »zum Beispiel Regierungschefs, Schmidt, Mitterrand, Reagan, Thatcher, Kreisky etc.« angehören, und durch »ein turnusmäßiges Treffen des Clubs in exklusiver Umgebung«, etwa »parallel zum Weltwirtschaftsgipfel oder zumindest wechselnd bei den verschiedenen Regierungschefs der großen Industrienationen«.

Als »die Grundidee Dr. Körbers« verzeichnet das von drei führenden Mitarbeitern Körbers gezeichnete Projektpapier »ein Paar goldene Manschettenknöpfe, versehen mit den Anfangs- und Endbuchstaben des griechischen Alphabets Alpha und Omega«, die »Personen für eine Mindestspende von 100 000 DM« quasi als Eintrittsgeld in einen »Club wohlhabender Spender mit der Absicht, den Nord-Süd-Konflikt zu entschärfen«, erhalten sollten. Gefördert werden sollten »anerkannte Entwicklungshilfeprojekte« in Kooperation mit der Nord-Süd-Kommission, der Willy Brandt vorsitzt, dem zuständigen Ministerium und der Deutschen Entwicklungshilfegesellschaft (DEG). Die dafür erforderlichen Summen setzten allerdings voraus, dass »der Club a) mehrere hundert Mitglieder aufnimmt oder b) das einzelne Mitglied mit siebenstelligen Summen aufwartet«. Die Körber-Stiftung könne als Vermittler der Spenden auftreten, wobei zu überlegen sei, »ob die Verwendung der Körber-Ringe auf den Manschettenknöpfen nicht zu steuerlichen Komplikationen führen könnte«. Notfalls könnte »der Steg der Manschettenknöpfe mit dem griechischen k (kappa) versehen werden«.

Die Zielsetzung des projektierten Clubs veränderte Körber aber schon bald in eine Europa-Initiative. Am 29. März 1982, während die europäische Integration wieder einmal stagnierte, ja zu scheitern drohte, sagte Körber laut Protokoll: »In einer für Europa katastrophalen Situation – politisch, wirtschaftlich und gesellschaftlich – geht es um eine Initiative, die eine Trendwende zur Erneuerung Europas auslösen könnte.« Also solle »der Alpha-Omega-Kreis gebildet werden aus Persönlichkeiten, die Konzeptionen für die Zukunft Europas entwerfen und aufgrund ihrer Erfahrungen in politischen Spitzenpositionen die Gewähr für realisierbare Initiativen bieten (Elder Statesmen)«. In den folgenden Monaten fanden etliche vorbereitende Gespräche nach Art und mit Teilnehmern des Bergedorfer Gesprächskreises statt. Eine Zusage für den Alpha-Omega-Kreis gab es von Helmut Schmidt, als er noch Bundeskanzler war. Am 1. Oktober 1982 wurde er, nach dem Auszug der FDP-Minister aus der sozialliberalen Regierung, durch ein konstruktives Misstrauensvotum gestürzt. Die goldenen Manschettenknöpfe hat er bekommen, aber ohne dass der Club der Elder Statesmen gegründet worden wäre. Jahre nach Körbers Tod fanden Eberhard Reuther und Dieter Tenter in einem Tresor zu ihrer Verwunderung goldene Manschettenknöpfe und erfuhren erst dann, welchem hohen Ziel sie einmal hätten dienen sollen.

Der Club der regierungserfahrenen Weltverbesserer wurde nie gegründet. Aber Kurt Körber hatte keineswegs aufgegeben. Mitte der achtziger Jahre begann er im vertrauten Kreis mit Freunden wie Helmut und Loki Schmidt und dem damaligen Direktor des Max-Planck-Instituts, Reimar Lüst, darüber zu reden, womit er sein Wirken als Stifter krönen könne. Ihm selbst war die Antwort wohl schon klar: Er würde versuchen, den Nobelpreis zu übertrumpfen.

Über die nötigen Ressourcen verfügte er. Körbers Maschinenbauwerke beschäftigten 1984 fast 3500 Menschen und setzten weltweit knapp 621 Millionen DM jährlich um. Die Körber-Stiftung war neben Kurt Körber nicht nur Anteilseignerin, sondern der Stifter hatte sie testamentarisch auch zur Alleinerbin seines Vermögens eingesetzt. Das Stiftungsvermögen war damals auf mindestens 82 Millionen Mark anzusetzen, aus welchen Erträgen jährlich rund 5,5 Millionen DM für die Aktivitäten der Stiftung aufgewendet werden konnten. Die Liste dieser Aktivitäten war inzwischen lang und so vielfältig geworden wie die Ideen des Stifters und die ihm befreundeten Personen, in deren Namen er Preise vergab – vom Gustav-Heinemann-Preis (ein Schülerwettbewerb, der später zum Geschichtswettbewerb des Bundespräsidenten wurde) über den Rolf-Liebermann-Preis für Opernkomponisten bis zum Boy-Gobert-Preis zur Förderung des künstlerischen Nachwuchses der Hamburger Sprechbühnen, um wenigstens ein paar Beispiele zu nennen.

Der »Förderpreis für die europäische Wissenschaft«, mit dem der Stifter Körber an seinem 75. Geburtstag den Nobelpreis zu überholen gedachte, sollte nicht nur die Bedeutung der europäischen Forschung (gegenüber der amerikanischen und der fernöstlichen) betonen, sondern auch wieder eine deutsch-deutsche Angelegenheit sein; neben der Münchener Max-Planck-Gesellschaft wollte sich auch die in Halle an der Saale ansässige Deutsche Akademie der Naturforscher Leopoldina an der Preisvergabe beteiligen. Der Preis sollte mit 1,25, später bis zu 1,5 Millionen DM nicht nur höher dotiert sein als der

Nobelpreis, er sollte sich auch inhaltlich klar vom Nobelpreis abgrenzen – indem er nicht bereits abgeschlossene Arbeiten auszeichnete, sondern zukunftsträchtige teamorientierte Forschungsvorhaben, also Projekte, die noch nicht fertig waren.

Beides, sowohl der blockübergreifende Ansatz des Preises als auch die zukunftsorientierte Ausrichtung auf ein Projekt, erwies sich bald als hinderlich für den erhofften Erfolg des Preises. Bereits im Oktober 1984 mussten Körber und der Stiftungsvorstand feststellen, »dass der angestrebte hohe Qualitätsanspruch an den Preis durch den politischen Ost-West-Gegensatz in manchen Fällen nicht erreichbar ist, ... da zukunftsträchtige Forschungen höchster Qualität in den Ländern des Ostblocks geheimgehalten werden«. Die politische Ausgangslage war, bis zu ihrer dramatischen Veränderung durch die Wende, nicht zu überlisten. Zum anderen erwies sich die Fixierung des Preises auf Projekte, die noch im Entstehen begriffen waren, als ernsthaftes Problem für die öffentliche Resonanz des Preises. Oft sehr komplizierte wissenschaftliche Lösungen, deren Ergebnis man aber noch nicht vorzeigen kann, sind einer breiten Öffentlichkeit schwer zu vermitteln – die aber wollte der Stifter eigentlich erreichen. Der für Körbers Verständnis von öffentlicher Aufmerksamkeit einigermaßen typische Versuch, den Preis durch die Regierungschefs der Länder, in denen die Preisträger jeweils tätig waren, überreichen zu lassen, erwies sich als nicht realisierbar.

Körber war so enttäuscht vom mangelnden Echo seiner stifterischen Königsidee, dass er seinen Öffentlichkeitsarbeitern vorwarf, den Preis nicht richtig zu »verkaufen«. Einmal war er sogar richtig erbost. 1991 vergab der Preis 1,25 Millionen DM an eine Gruppe von Wissenschaftlern aus Deutschland, England, Schweden und der Schweiz für ihr Projekt der Erkennung und Verhütung von Krebserkrankungen durch Umweltchemikalien – und einer der Redner aus dieser Gruppe verbreitete sich bei der Preisverleihung ausführlich über die gesundheitsschädlichen Folgen des Rauchens.

Der Europäische Wissenschaftspreis, an dessen hohem Rang heute niemand mehr zweifelt, hat nicht nur solche Krisen, er hat auch seinen Stifter überlebt – was man nicht von allen stifterischen Aktivitäten Körbers sagen kann. Am Wissenschaftspreis hat die Körber-Stiftung zu Recht in Treue festgehalten und ihn zu einem Markenzeichen gemacht, zu einem Denkmal und auch zu einem Fest für Kurt Körber, das alljährlich an seinem Geburtstag, dem 7. September, mit den Preisträgern, Freunden und Weggefährten begangen wird, die noch am Leben sind.

Warum aber hat sich der erfahrene, hoch geehrte Stifter Dr. Kurt Körber immer wieder Ziele gesetzt, die manchmal seine auf die Realisierung angesetzten Mitarbeiter auch mit unbewaffnetem Auge als unerreichbar erkennen zu können glaubten? Die Antwort auf diese Frage ist so simpel, wie sie klingt: Er konnte nicht anders.

Es war seine einzige Möglichkeit, das zu erlangen, was er »ein erhöhtes Lebensgefühl« genannt hat. Geld, Luxus und alle legalen oder illegalen Drogen der Welt hätten es ihm nicht verschaffen können. Was aber, wenn das »erhöhte Lebensgefühl« zu schwinden drohte? Dann musste ein neues Projekt her, eine neue Herausforderung, eine neue Problemlösung. Wenn Körber ein Problem als solches erkannt hatte, dann musste er versuchen, es zu lösen: »Ich kann einfach nicht still im Wagen sitzen und zuschauen. Ich muss in die Speichen greifen und immer wieder in etwas Neues einsteigen.«

Und er war er ein unbeirrbarer Optimist. Sein Optimismus war wirklich grenzenlos. Als Techniker und als Erfinder weigerte er sich zu glauben, dass ein erkanntes Problem unlösbar sei, so wie er sich weigerte zu glauben, dass ein Mensch, der singen könne, nicht auch Geige spielen könne, wenn er es nur ernsthaft genug versuche. »Geht nicht« – gibt's nicht. Das sagte ihm sein Instinkt, und der war größer als seine Kenntnis. Heinz Gretz, sein vertrauter Nachfolger auf dem Chefsessel des Unternehmens, hat manchmal sogar öffentlich gesagt: »Herr Körber macht trotz Unkenntnis immer das Richtige.« Dem gefiel das.

Und wenn es doch mal nicht das Richtige war, fiel das nicht weiter auf. Wenn ein Projekt in der Versenkung verschwand, und dort verschwanden einige, dann war immer schon ein neues da, das die Aktivität der Mitarbeiter und die Aufmerksamkeit der Öffentlichkeit auf sich zog.

Selbst solche Dinge wie die kaum zum Einsatz gekommene Forellentötungsmaschine, hat Körber einmal gesagt, »erhöhen mein Lebensgefühl«.

Bei alledem muss man bedenken, dass die Stiftung und nicht das Unternehmen allmählich zu Körbers eigentlichem Betätigungsfeld wurde, zum Substitut für seine geschäftlichen Aktivitäten. Das Unternehmen war so groß und auch so komplex geworden und Körbers direkter Zugriff mithin immer geringer. Auch der Betriebsrat war für ihn nicht mehr richtig fassbar, weil er nicht mehr alle Mitglieder kannte. Die Stiftung hingegen war eine überschaubare Einheit mit einer Anzahl von Mitarbeitern, mit denen er persönlich umgehen konnte. An den Veranstaltungen der Firma nahm er in den späten achtziger Jahren kaum noch teil. In Bergedorf gab es 1989 mal ein großes Straßenfest, und seine Mitarbeiter bemühten sich sehr, Körber zu bewegen, sein Büro zu verlassen und sich dort sehen zu lassen, aber der weigerte sich: »Ach, die kennen mich doch gar nicht mehr.«

Es gibt Wegbegleiter und aufmerksame Freunde Kurt Körbers, die ihn als einen im Grunde einsamen Menschen erlebt haben. Das wurde nach außen hin erkennbar, als Anny Körbers Demenz fortschritt, und erst recht nach ihrem Tod. Dann tauchte Körber, der bei sich zu Hause auch früher kaum Gesellschaften gegeben hatte, obwohl er immer Menschen um sich haben wollte, häufig unverhofft bei alten Freunden und Vertrauten auf, manchmal schon zum Frühstück.

Aber mehr noch als unter der Vereinsamung, die er nicht abwenden konnte, hat der Gefühlsmensch Körber darunter gelitten, »dass unsere von der Technik beherrschte Welt eine maßlose Versachlichung der menschlichen Beziehungen mit sich gebracht hat«. Daraus spricht auch wieder das Heimweh nach der von der Not getragenen Gemeinschaft der Gründerzeit. Die von der Technik beherrschte Welt war ja auch Körbers Welt, aber sie funktionierte nun nach Regeln und unter gesellschaftlichen Bedingungen, die ihm fremd geblieben waren; sie fühlte sich ganz anders an. Heinz Gretz hat das genau erkannt: »Er begriff gefühlsmäßig nicht den Wandel von der Gründerzeit, als er mit fünfzig Vertrauten in der Werkstatt im Hinterhof das Unternehmen aufgebaut hatte, hin zu einer 3500-Mann-Belegschaft, die in den Wohlstand hineingewachsen war, vertraut mit immer weniger Arbeitszeit und immer höheren Löhnen.«

Die Formulierung von der »maßlosen Versachlichung der menschlichen Beziehungen« gehört zu Körbers Antwort auf die Frage, was ihn als Industriellen bewogen habe, sein stifterisches Engagement in Hamburg »gerade auf kulturelle Belange zu konzentrieren«. Denn: »Mäzenatenehrgeiz war es nicht.« Sondern die vom Stifter erkannte Notwendigkeit, als Gegengewicht zu jener maßlosen Versachlichung »das Angebot an künstlerischen Erlebnissen mit innerem Gehalt zu fördern«.

Dass der Hobbymaler Körber sich selbst für einen Künstler gehalten habe, wäre eine falsche Unterstellung.

»Ich will beileibe nicht behaupten, dass an mir ein Künstler verloren gegangen ist«, schreibt er in seiner Autobiografie. »Ich könnte auch sagen: Der Herrgott hat mich, weil ich so gern male, als Maler auf die Welt geschickt; dennoch bin ich, um kein Hungerleider zu werden, Maschinenbauer geworden.« Für den Künstler Körber gab es offenbar keine Marktlücke.

Ganz richtig ist das nicht. Die Porträts, die Körber in großer Zahl angefertigt hat, waren zumindest bei den Porträtierten wegen ihres handwerklich perfekten Realismus sehr begehrt. Und der Porträtist notiert zufrieden: »Mich hat diese künstlerische Ambition manchem bedeutsamen Zeitgenossen näher gebracht.« Ursprünglich konzentrierte sich Körber, wie Beheim-Schwarzbach notiert, »auf das Stilleben und die Idylle ... Freundlich und friedlich sind die Motive meistens, die er auf die Leinwand bringt, und voller Lebenslust sind die Farben, mit denen er seine Motive ausführt.« Auf das Porträtmalen kam er erst, als er selbst von dem Münchener Professor Hans-Jürgen Kallmann porträtiert wurde. Das Ergebnis und Kallmanns Maltechnik regten ihn an, es auch selbst mal zu versuchen.

»Für das Porträtmalen habe ich ein eigenes System entwickelt«, verrät er in seiner Autobiografie. »Um die Proportionen der Gesichter richtig zu treffen, verwende ich eine einfache Faustregel«, und die erläutert er in seinem Buch mit Hilfe einer Skizze, die einer technischen Konstruktionszeichnung zum Verwechseln ähnlich sieht. »Auf diese Weise sind weit über einhundert Porträts entstanden. Dabei male ich nur, was zu sehen ist, und kümmere mich nicht um die Seele des Betreffenden.« Körbers »Portraits of my friends in the international Tobacco Industry« waren, dreisprachig betextet, für ihn »eine wirksame Möglichkeit, auf dem Weltmarkt Kundennähe zu erreichen«.

Dass er nur das male, was zu sehen ist, trifft nicht nur auf den Porträtisten Körber zu, sondern auch auf den Kopisten – allerdings hatte er auch dafür wieder ein »eigenes System« entwickelt. Erst mal sammelte er von den großen Malern, zu denen er ein besonderes Verhältnis hatte – Renoir, Degas, Chagall, van Gogh, Vlaminck – Poster ihrer berühmten Bilder. Und dann entdeckte er eines Tages auf einer Amerikareise, per Zufall in Louisville / Kentucky, »eine lackähnliche Emulsion, mit der ich zu experimentieren begann. Ich habe die Poster mit dieser Emulsion bestrichen und dann trocknen lassen. Dabei verbindet sich die Emulsion so fest mit der Farbe des Posters, dass man nach einem Wasserbad das Posterpapier vorsichtig ablösen kann. Die Emulsion bildet dann mit der Farbe des Posters einen Film, den ich auf eine Leinwand aufklebte, deren Struktur an der Oberfläche des Bildes sichtbar wird und damit den Eindruck der ›Echtheit‹ vermittelt. Um die Originalität des Bildes noch stärker zu betonen, setzte ich in den Originalfarbtönen pastös Ölfarbe auf das Bild.« Und das machte er so gut, dass manche dieser Bilder wirklich aussahen wie die

Originale. Mit einem davon, dem Blumenmädchen von Renoir, das er für seinen Freund Clifford Goldsmith, den Präsidenten von Philip Morris, auf die beschriebene Weise hergestellt hatte, wäre der in New York fast nicht durch den Zoll gekommen, weil die Zöllner erst überzeugt werden mussten, dass es sich nicht um einen echten Renoir handelte. Körber war geschmeichelt.

Loki Schmidt war es dann, die ihrem Freund Kurt vorhielt, dass seine clevere Methode einer Fälschung gleichkomme, wenn er die Bilder nicht deutlich als Kopien kenntlich mache. Zuerst wollte er das überhaupt nicht einsehen, erfand dann aber das »Kaktieren«, das heißt, er setzte hinter die mitkopierte Signatur des Bildes eine weitere: »+KAK«. Später hat er seine Kopien nicht mehr mit Ölfarbe auf Leinwand gefertigt, sondern lieber mit Acrylfarben auf Kuhhäute – zwar eine ziemlich einmalige, aber nicht unbedingt eine künstlerische Methode.

»Mein Interesse und damit meine Kenntnis der Gegenwartskunst ist begrenzt«, hat er 1991 wahrheitsgemäß auf die Anfrage einer Zeitschrift geantwortet, und auf dem Fragebogen nach seinem bevorzugten Werk unter den Hamburger Kunstschätzen hat er nur ein Bild angekreuzt: Caspar David Friedrichs »Wanderer über dem Nebelmeer«, den er für die Hamburger Kunsthalle angeschafft hatte. Als der »im Stil eines Barockfürsten regierende Bürgermeister« Max Brauer ihn bat, 250 000 DM für den Erwerb von Oskar Kokoschkas monumentalem

Triptychon »Thermopylen« lockerzumachen, stellte Körber lediglich ein Darlehen zur Verfügung, weil er das Bild scheußlich fand. Als das Darlehen gegen Ende der Amtszeit Brauers »immer noch im Schornstein hing«, arrangierte er ein gemeinsames Frühstück mit Brauer und dem mit diesem bestens bekannten Philipp Reemtsma und brachte die Rede auf den Preis des Bildes. Als Reemtsma fragte, mit wie viel Körber sich denn beteiligen wolle, sagte der: »Mit dem Rest, den Sie nicht übernehmen.« Reemtsma übernahm zwei Drittel, Körber ein Drittel – aber auch das bekam er nach Philipp Reemtsmas Tod von dessen Witwe zurück – und investierte dieses Geld in den Kauf des »Wanderers über dem Nebelmeer« für die Kunsthalle.

Als Person mochte Körber den berühmten Maler Kokoschka sehr gern, lud ihn auch einmal in seine Malerklause am Pfingstberg ein und wollte wissen, welches seiner Landschafts- und Blumenbilder der berühmte Gast am besten gelungen finde. Kokoschka zeigte wortlos auf eine Stelle an der hölzernen Wand, an der Körber seit Jahren wahllos die Farbreste aus seinen Pinseln oder Spachteln abzustreichen pflegte. »Wir sind selbstverständlich Freunde geblieben«, umschreibt Kurt Körber seine Reaktion.

Ihn als Förderer des Theaters und der Oper zu gewinnen, war nicht schwer, und Max Brauer als Bürgermeister zeigte dabei großes Geschick. Bei der Feier zur Einweihung einer Montagehalle der noch jungen Hauni-Werke fragte er den Hausherrn, ob er nicht im Thalia Theater den Aufsichtsratsposten des altershalber ausscheidenden Ascan Klée Gobert, des Vaters von Intendant Boy Gobert, übernehmen wolle. Körber hat in dieser Position nicht nur ein halbes Dutzend Kultursenatoren und fünf Intendanten »überlebt«, vor allem hat er durch die 1957 von ihm mit einem Grundkapital ausgestattete Stiftung »Wiederaufbau Thalia Theater Hamburg« die Initialzündung für die beschleunigte Wiederherstellung des im Krieg schwer zerstörten Theaters mit öffentlichen Mitteln gegeben, denn die Mittel der Stiftung durften laut Satzung nur für eine neue Inneneinrichtung verwendet werden.

Auch die mit 200 000 DM ausgestattete »Stiftung zur Förderung der Hamburgischen Staatsoper« 1960 war so eine Anstiftung, denn Körber hatte sie unter der Bedingung ins Leben gerufen, dass künftig Mehreinnahmen, die durch außergewöhnliche (mit Stiftungsmitteln finanzierte) Aufführungen erzielt würden, nicht mehr wie bisher dem Staat, sondern der Stiftung und damit wieder der Oper zufielen. Diese Bedingung wurde vom Senat akzeptiert – wohl auch weil Rolf Liebermann sonst nicht Intendant der Oper geblieben wäre.

Liebermann hat, im Bunde mit Körber, der Oper noch so manche Mehreinnahme verschafft. Der 80. Geburtstag Igor Strawinskys zum Beispiel, den Liebermann mit Hilfe des Geldes der Opernstiftung in Hamburg ausrichten konnte, wurde zum Bombengeschäft, weil das deutsche

Fernsehen für die Übertragungsrechte weit mehr bezahlte, als die Stiftung hatte aufwenden müssen – und das Fernsehen verkaufte die Aufzeichnung zu einem abermals höheren Preis an die Eurovisionszentrale weiter. Als die zum 25. Geburtstag von Körbers Unternehmen veranstalteten, mit internationalen Opernstars besetzten Galavorstellungen dem Fernsehen 780 000 DM wert waren, hatte das Duo Körber / Liebermann schon wieder viel Geld verdient. Den Reingewinn von 117 000 DM konnte zwar nur Körber »als Auftraggeber und Risikoträger« vereinnahmen, gab das Geld aber sofort an die Opernstiftung als Spende weiter.

»Im übrigen bin ich davon überzeugt, dass man zum Kunstverständnis nicht geboren wird, sondern durch häufige Begegnung mit der Kunst erzogen werden kann«, hat Körber in einem Aufsatz zum Thema »Kunst und Technik« geschrieben. Ob er dieses Ceterum censeo nun auch auf sich selbst beziehen wollte oder nicht – es ist zu einem Schlüsselsatz vieler seiner stifterischen Aktivitäten geworden. Nachdem 1956 eine »Stiftung zur Förderung der Hamburgischen Kunstsammlungen« als Bürgerinitiative ins Leben gerufen worden war, war Körber jahrzehntelang im Stiftungskuratorium aktiv, das über neue Ankäufe zu entscheiden hatte. Kunst sei für ihn, so hat er Jean Paul zitiert, nicht das Brot, aber der Wein des Lebens.

Dass er mit dem Einfluss eines Kurators zufrieden sein würde, konnte niemand annehmen, der Kurt Körbers

Ambitionen auch nur einigermaßen richtig einschätzte. Er war es tatsächlich nicht. »1979 begann es«, steht in seiner Autobiografie. »Damals hatten Bundespräsident Scheel, Rolf Liebermann und ich darüber nachgedacht, welche Rolle bei den europäischen Einigungsbestrebungen die Besinnung auf kulturelle Gemeinsamkeiten spielen könnte. ... Die Frage, die wir uns stellten, lautete: Kann Kultur kitten?« Die Antwort war eine im Wesentlichen von der Körber-Stiftung getragene »Europäische Kulturinitiative«, deren Höhepunkt eine Ausstellung wurde: »Der Hang zum Gesamtkunstwerk – europäische Utopien seit 1800«. Die Körber-Stiftung hatte diese Ausstellung gemeinsam mit dem international hochangesehenen Kunsthaus Zürich und einem der führenden Ausstellungsmacher der Welt, Dr. Harald Szeemann, realisiert und 1983 mit einer Tagung des Bergedorfer Gesprächskreises zum Thema »Die politisch-kulturelle Herausforderung Europas – Ein Weg zur Erneuerung der Industriegesellschaft« verbunden. Körbers Kommentar: »Kultur und Kunst bedeuten Experimentieren, offen sein für vielfältige, auch übernationale Einflüsse, das Entwerfen von Neuem, ›Abschied vom Gewohnten‹.«

Es war also wohl eine kühne, aber die Dimension des Körber'schen Engagements ganz richtig einschätzende Idee des damaligen Ersten Bürgermeisters Klaus von Dohnanyi, den Stifter Ende der achtziger Jahre für die Renovierung und den Ausbau der maroden Hamburger Deichtorhallen in ein Ausstellungszentrum für moderne Kunst zu begeistern. Die Dimension dieses Projekts war in der Tat immens. Die beiden Hallen von 4000 bzw. 2000 Quadratmeter Grundfläche, erbaut 1911, hatten auf dem Gelände des früheren »Berliner Bahnhofs« sieben Jahrzehnte als zentraler Marktplatz für Obst und Gemüse, dann auch für Blumen gedient und drohten nach dem Umzug der Händler auf den neuen Großmarkt buchstäblich zu verfallen. Sie gehören aber zu den wichtigsten bautechnischen Kulturdenkmälern der Freien und Hansestadt, als charakteristisches Beispiel für den Übergang der historischen Architektur des 19. Jahrhunderts zur Moderne des 20. Jahrhunderts. Körber sah sich die riesigen Räume an und fing Feuer. Den renommierten Berliner Architekten Paul Kleihues bat er um eine erste Kostenschätzung und Harald Szeemann um eine Expertise zur Eignung der Hallen für den gewünschten Zweck. Beide reagierten positiv, und Körber ließ Voruntersuchungen an den Baukörpern vornehmen.

»Während dieser Zeit der Vorentscheidung«, so hat Körber die Geschichte erzählt, »lud mich der Bürgermeister zu einem privaten Abendessen ein. Ich erinnere mich genau an den köstlichen Fisch, den Christa von Dohnanyi zubereitet hatte, und an die erlesenen Weine. Der harmonische, unbeschwerte Abend, die anregenden Gespräche, das kulinarische Mahl, aber insbesondere meine wachsende Überzeugung, über eine sinnvolle, in die Zukunft weisende Investition zu entscheiden, entlockte mir an jenem Abend ein vorbehaltloses Ja zu den

Deichtorhallen.« Aber nachdem Körber zugestimmt hatte, auch das gesamte Freigelände neu zu gestalten, »hatte sich die Kostenschraube zu satten 25 Millionen DM hochgedreht. Wahrhaftig, dies wurde das teuerste Fischessen meines Lebens.«

Kurt Körber, der stiftende Unternehmer und der unternehmende Stifter, hat immer versucht, die PR-Interessen seines Unternehmens und seiner Stiftung sozusagen übergreifend wahrzunehmen. Es wäre naiv anzunehmen, dass er dies bei einem so gewaltigen Investment wie dem für die Deichtorhallen anders gesehen haben könnte – auch wenn er gelegentlich gesagt hat, er habe als in Hamburg reich gewordener Industrieller doch nur seiner »Bürgerpflicht« Genüge getan. Natürlich wollte er sich mit der Umwandlung der Deichtorhallen in einen Raum der Kunst auch ein Denkmal setzen. Und es ist nicht nur für ihn selbst schmerzlich gewesen, dass dies nicht besser gelungen ist.

Die ursprüngliche Idee war, vor den Deichtorhallen ein bekanntes, anerkanntes Kunstwerk, wie die Moore-Plastik vor dem Bonner Kanzleramt, aufzustellen. Ein solches Kunstwerk erstens zu bekommen und zweitens zu bezahlen, erwies sich aber als ausgeschlossen, worüber Körber nicht allzu traurig gewesen sein dürfte. Ein der Stiftung bekannter Künstler namens Georg Engst wurde beauftragt, eine für den Eingangsbereich der Deichtorhallen geeignete Plastik zu entwerfen. Auf diesen Entwurf nahm Körber offenbar massiv Einfluss, während der zum Vorstandsvorsitzenden der Stiftung berufene Ulrich Voswinckel mehrere Wochen in Afrika zu tun hatte. Als er zurückkam, »vorgewarnt durch Faxe nach Kapstadt, bekam ich einen furchtbaren Schreck. Das Ding sah so entsetzlich aus, es war nicht zu ertragen. ... Die besagten Ringe, die eindeutig unser Firmenemblem sind, wurden in einer ganz anderen Form konzipiert, als sie heute zu sehen sind« (hergestellt übrigens von Blohm und Voss). Offenbar war Körber bei seiner Einflussnahme auf den Engst'schen Entwurf »in die Richtung eines mit merkwürdigen Dingen kombinierten Firmenemblems gekommen«.

Körber war am Tegernsee, und Voswinckel wandte sich in seiner Not, wenige Tage bevor das Modell der Presse vorgestellt werden sollte, an Rolf Liebermann. »Der fiel ebenfalls aus allen Wolken und fand es nicht akzeptabel. Er sagte Körber deutlich seine Meinung dazu, und ich sagte Körber, dass ich mit Liebermann zuvor gesprochen hatte.« Körber war sehr wütend darüber, dass die Kritik an dem Entwurf nun nicht nur von Voswinckel, sondern auch von Liebermann kam. Immerhin ließ er »in einer Nacht-und-Nebel-Aktion das ganze Modell ändern. Im Grunde ist es das Firmenemblem geblieben, was ich nicht für eine gute Lösung hielt, aber in der Ausgestaltung war es wesentlich erträglicher.«

Außerhalb der Stiftung und der Firma war die Kritik an Körbers Ringen vor den Deichtorhallen noch viel härter. Der damalige Kultursenator Ingo von Münch monierte öffentlich, dass Körber dort sein »Firmenschild« angebracht habe, und verwies auf die vornehme Zurückhaltung anderer Hamburger Stifter und Mäzene. Der ehemalige Documenta-Chef Harald Szeemann, der die Hallen mit seiner großen Schau zeitgenössischer Kunst »Einleuchten – mit Kunst« ihrer eigentlichen Bestimmung zuführen sollte, wurde vom »Spiegel« genüsslich zitiert mit seinem Kommentar zu den Körber-Ringen: »Zwei Nullen. Geht's hier zum Klo?« Von Körbers väterlicher Erläuterung, durch die Ringe solle die Umsetzung von materiellem Nutzen in geistige Werte ausgedrückt werden, war Szeemann so wenig beeindruckt wie von dessen Ideen für die Eröffnung der Hallen, und die »Frankfurter Allgemeine« schloss sich ihm an: Statt Szeemanns Schau »kündigte die Körber-Stiftung ein bunt gemischtes Veranstaltungsprogramm vom 5. bis zum 17. September (1989) an. Im Mittelpunkt steht eine Signieraktion, bei der sich die Hamburger für fünf Mark auf den fast hunderttausend Kacheln verewigen können (per Unterschrift), die für die Verkleidung der 180 Stützpfeiler in den Kellergewölben der beiden Hallen vorgesehen sind. Den Erlös will Körber später dann verdoppeln und in einen Fonds einbringen, dessen Zinsertrag nach einem ausgeklügelten Plan in gemeinnützige Projekte fließen soll.« Auch das von Körber mit einer Public-Relation-Agentur konzipierte Eröffnungsprogramm mit städtebaulichen Exponaten unter dem Titel »Stadt im Fluß« und mit »Maritimen Leckerbissen«

einschließlich Buddelschiffen wollte, so die FAZ, »den Körber-Opponenten nicht recht einleuchten. Tenor dieser auf Geschmacksfragen eingeengten Kritik: Biedermann als Anstifter.«

Mit solcher Kritik kam Kurt Körber nicht zurecht; es traf ihn in jenem Kern seines Selbstverständnisses, dem seine Antriebskräfte entstammten. Er war überzeugt davon, dass er nur Gutes tue – und dass man ihn deshalb eigentlich überhaupt nicht kritisieren könne. Er favorisierte manche Projekte häufig auch deshalb, weil er damit in der Presse »groß herauskommen« wollte, und er sah nicht, dass er sich damit lächerlich zu machen drohte, weil die Leute das erkannten. Und wenn er dann in der Presse kritisiert wurde, verstand er die Welt nicht mehr; jedenfalls fand er, man tue ihm unrecht, und außerdem sei er von seinen PR-Leuten schlecht »verkauft« worden.

Er sah überhaupt nicht ein, warum man Gutes im Verborgenen tun solle. Er wollte immer, dass seine guten Werke wahrgenommen wurden, und er hatte keinerlei Zweifel daran, dass er dafür gelobt werden müsse. Er hatte auch nicht die Geduld herauszufinden, warum manche Menschen irgendein Projekt von ihm kritisch sahen. Den Spruch seines Freundes und Kollegen Philipp F. Reemtsma »Die Rechtschreibung eines nützlichen Lebens verlangt, das Wir groß, das ich klein zu schreiben«, hätte Körber schwerlich eingeleuchtet. Warum sollte er, der in seinen stifterischen Aktivitäten das Wir so groß schrieb, sein Ich klein schreiben? Wem wäre damit gedient?

Mit dem Verdacht der Eitelkeit, den ja auch die meisten seiner Freunde und Helfer teilten, konnte er viel besser umgehen – es war ihm schließlich nicht entgangen, dass er sich mit seiner Eitelkeit in bester Gesellschaft befand. Und auch der Vorwurf, der Anstifter Körber errichte sich Denkmäler und lasse sie auf die Dauer von anderen bezahlen, traf ihn kaum. Denkmäler interessierten ihn wenig; sie waren ihm viel zu statisch, sie standen bloß herum und taten nichts. Im Übrigen aber: Hatte er etwa kein Denkmal verdient?

Doch, das hatte er. Und er hat es ja auch errichtet, nicht nur eines. Die meisten davon stehen noch, oder besser: sind in Aktion zu besichtigen. Auch die Deichtorhallen sind, zumindest für die Hamburger, ein Körber-Denkmal – und wären es auch ohne das Firmenemblem vor dem Eingang. Das wahrscheinlich am besten gelungene, weil wirksamste »Denkmal« steht, fast versteckt zwischen alten Bäumen, in Bergedorf: das 1977 als SeniorenCentrum eröffnete »Haus im Park«. Es ist, sowohl was seine Entstehung als auch was die Reaktion darauf angeht, ein »echter Körber«.

Das »Haus im Park«, anfangs geleitet von Hermann Tenter, ist kein Altersheim, auch keine herkömmliche Altentagesstätte. Es ist, so Körber, »auf Hilfe zur Selbsthilfe ausgerichtet«, das heißt, es will die noch aktiven Senioren unterstützen, aktiv zu bleiben, und den nicht mehr aktiven, zum Teil auch kranken und behinderten Senioren helfen, wieder aktiv zu werden: »Die Erfahrungen in der Senioren-Arbeit zeigen, dass dieses Ziel nur dann dauerhaft erreichbar ist, wenn der Prozess nicht nur in Gang gebracht und fortwährend begleitet wird.«

Das Thema »Der alte Mensch« gehörte bereits seit geraumer Zeit zu einem von Ulrich Voswinckel erstellten Themenkatalog der Hauni-Stiftung, als Körber im November 1972 eine Gruppe von Experten auf dem Gebiet der Altersforschung, darunter die renommierte Gerontologin und spätere Bundesministerin für Jugend, Familie, Frauen und Gesundheit, Frau Professor Ursula Lehr, zum Bergedorfer Gesprächskreis mit dem Thema »Wo bleiben die alten Menschen in der Leistungsgesellschaft?« einlud. Am Ende des Gesprächsprotokolls stand, die Gesellschaft habe zu diesem Thema »viel mehr Chancen zu geben, mehr noch: Erfindungen und Ermutigungen anzubieten«.

Das wirkte auf den Stifter Körber wie ein Trompetensignal zum Aufbruch. Die Hauni-Stiftung beauftragte auf sein Geheiß 1973 ein Forschungsteam, international in Erfahrung zu bringen, welche prophylaktischen und gezielten Maßnahmen für den alten Menschen ergriffen werden könnten, um seine Gesundheit und Selbstständigkeit im eigenen Heim so lange wie möglich zu erhalten. Zu diesem Team gehörte Ursula Lehr und die inzwischen mit einem Beratervertrag zur Hauni-Stiftung gestoßene, aber noch studierende Sozialarbeiterin Hannelore Orbens, die später Leiterin des Projekts »Haus im Park« wurde.

Das hieß noch nicht so (und war eigentlich auch noch kein Projekt), als das Forschungsteam Gelegenheit bekam, dem Stifter in »meiner Kantine«, dem Hamburger Hotel »Vier Jahreszeiten«, die Erkenntnisse vorzutragen, die sie für eine schriftliche Modellkonzeption gesammelt hatte. Hannelore Orbens: »Körber saß ein bisschen unruhig dabei und unterbrach mittendrin mit den Worten: Also, was soll das ganze Gerede, machen wir doch so ein Projekt!« Das war ein Beschluss. Körber wies seine Stiftungschefs Hermann Tenter und Ulrich Voswinckel an, sich um die Sache zu kümmern. Die Idee sollte zur Tat werden, und zwar so schnell wie möglich. Hannelore Orbens' Vorschlag, das Projekt durch einen Ideenwettbewerb in den Medien bekannt zu machen und auf diese Weise auch die örtlichen Skeptiker einzubinden und zu überzeugen, hatte keine Chance. Dabei schlug die Nachricht, dass im Kufeke-Park, nur 500 Meter vom Zentrum entfernt, ein Baukomplex der Hauni-Stiftung entstehen sollte, in Bergedorf hohe Wellen. Aber es gelang, das Haus so in den Park zu bauen, dass die alten Bäume unbeschädigt blieben. Die feierliche Grundsteinlegung überließ Körber seiner damals 87 Jahre alten Mutter Rosa.

Körbers Stiftung hatte der Gemeinde versprochen, am selben Standort eine Halle, eine Art Aula, für die Bergedorfer Schulen zu bauen. Bei der Planung, so Hannelore Orbens, »stand dann plötzlich die Idee ›Theater‹ im Raum, die sich sofort verselbständigte und ihre Ansprüche an die Planer stellte«. Und so bekam das »Haus im

Park«, sicherlich nicht ohne Körbers Zutun, ein eigenes Theater, das dann auch in der Hamburger Theaterlandschaft, besonders als Schauplatz hochkarätiger Gastspiele, viele Jahre eine bedeutende Rolle gespielt hat.

In Kurt Körbers Worten zur Einweihung des SeniorenCentrums liest sich das alles so: »Was mich bewogen hat, dieses ›Haus im Park‹ in die Hauni-Stiftung einzubeziehen, war aber nicht Wohltätigkeit alten Stils und – hinsichtlich seiner künstlerischen Aufgabe – nicht mäzenatische Passion. Mir geht es um mehr: Ich möchte, dass Kunst und Alter wieder mitten unter uns sind, dass sie von der Leistungsgesellschaft nicht an den Rand gedrängt werden. Ich möchte mich nicht damit begnügen, hier eine Lücke zu schließen und dort einen Mangel zu beheben. Besser wäre es, Anstifter neuer Initiativen zu sein, die unsere Gesellschaft insgesamt vorwärtsbringen.«

Spätestens nachdem das SeniorenCentrum »Haus im Park« sich als innovatives Modell erwiesen hatte, war Körber entschlossen, daraus mehr zu machen. Er ließ den Hamburger Senat wissen: Ich möchte, dass in jedem Bezirk der Stadt ein solches Haus im Park errichtet wird. Und ich stelle für jedes Haus, das errichtet wird, eine Million zur Verfügung – eine klassische Körber'sche Anstiftung. Henning Voscherau hat die Abneigung der Politik gegen diese Aktivität Körbers einmal so erklärt: »Körber suchte danach, weitere Finanzierer ins Boot zu holen. Er benutzte seine mäzenatische Tätigkeit ganz bewusst als Lockspeise. Und so führte er die öffentliche

Hand vielfach in die Versuchung – halb zog er sie, halb sank sie hin –, zu einer großen Stiftung nicht Nein sagen zu mögen, zu wollen oder zu können – um den Preis, dass die öffentliche Hand sich hinterher um Unterhaltung, Pflege und Gedeihen des Gestifteten kümmern musste.« Allerdings: »Jeder, dem Körber per Anstiftung etwas aufs Auge zu drücken entschlossen war, hatte die Freiheit zu sagen: Ich nehme die Wurst nicht, weil ich nicht von dem Schinken erschlagen werden will. Jeder hätte die Möglichkeit gehabt zu sagen: Lieber Herr Körber, stiften Sie, was Sie für richtig halten, aber stiften Sie mich nicht an.«

Hans-Ulrich Klose, damals Erster Bürgermeister, sagte ziemlich genau das. Er zeigte kein Interesse an der Anschubfinanzierung für weitere Häuser im Park. Er schaffte es sogar, Körber ungefähr eine Million für ein Bürgerhaus in Wilhelmsburg abzuluchsen, das mit dem Körber'schen Modell nichts gemein hatte. Der Anstifter zahlte zähneknirschend. Der Versuch, Seniorenzentren nach dem Modell des »Haus im Park« dann eben anderswo zu bauen, war nur in einem einzigen Fall erfolgreich: in Dettenhausen, einem kleinen Ort in der Nähe von Tübingen. Hannelore Orbens, die in Süddeutschland während ihres Studiums kommunalpolitische Erfahrungen und Personalkenntnisse gesammelt hatte, blieb aber bis zu ihrem Tod in Bergedorf: »Es sollte ja auch so sein, dass das ›Haus im Park‹ nach so und so vielen Jahren der Stadt geschenkt würde. Dass das – ständig auf Zuschüsse angewiesene – Haus heute noch von der Stiftung betrieben wird, war nicht vorgesehen«, aber wohl auch eine Reaktion auf Kloses Angst, »von dem Schinken erschlagen zu werden«. Vermutlich hat Körber gesagt, was er immer gesagt hat, wenn er ein »Nein!« oder ein »Geht nicht!« zu hören bekam: »Dann mache ich es eben selbst.«

Es gibt keine Belege dafür, dass Kurt Körber viel über sich selbst nachgedacht habe. Das Alter hat ihn wenig beschäftigt; er hat es für seine Person eigentlich negiert. Seinen Freund Professor Rudolf Haas hat er einmal gefragt, ob er glaube, »dass nach dem Leben wieder ein neues Leben kommt und dass dann abgerechnet wird und so weiter«. Haas antwortete mit einem Goethe-Zitat aus dem »West-östlichen Divan«: Wenn du mal stirbst, dann kannst du sagen: »Nicht so vieles Federlesen! Lass mich immer nur herein: Denn ich bin ein Mensch gewesen, und das heißt ein Kämpfer sein.« Das, so Haas, »hat ihn sehr berührt«.

Ob es nun Zufall oder Schicksal war, dass seine Autobiografie erst kurz nach seinem Tod erschienen ist – sie erzählt wenig über sein Innenleben, aber umso mehr über seine Erfolge und seine Motive als Macher und Anstifter. Als der Achtzigjährige gefragt wurde, ob er auch mal an den Tod denke, gab er die für ihn charakteristische Antwort: »Jeden Tag. In Gnade dankbar, dass ich den Tag so habe verleben können, wie ich ihn heute verlebt habe.«

Einmal allerdings hat er, zumindest verschlüsselt, wohl doch von sich gesprochen – im sakralen Raum einer Kirche. Er war eingeladen worden, von der »Bürgerkanzel« der St.-Nikolai-Kirche am Hamburger Klosterstern eine Laienpredigt zu halten. Körber sagte zu und akzeptierte auch das gestellte Thema: »Was wir zum Leben brauchen«. Das war nicht unumstritten. Von Bergedorfer Protestanten wurde moniert: »Der ist aus der Kirche ausgetreten und will jetzt eine unserer Kanzeln besteigen.« Körbers öffentliche, wiederum charakteristische Reaktion: »Von Austritt kann keine Rede sein, denn ich war niemals ein eingetragenes Mitglied der evangelischen Kirche. Übrigens ist doch nicht das Mitgliedsbuch, sondern das Verhalten entscheidend.« Zur »Beruhigung dieser Protestanten« fügte er hinzu, er habe schon vor über 30 Jahren mit dem damaligen Bergedorfer Oberkirchenrat ausgemacht, »dass ich jährlich meinen zweckgebundenen Beitrag an die evangelische Kirche leiste«.

Das Thema jener Laienpredigt war vorgegeben, die Bibelstelle, die er auslegen wollte, konnte Körber nach seinen Wünschen wählen. Er wählte aus dem 12. Kapitel des Lukasevangeliums Vers 15 bis 21 – das Gleichnis vom reichen Mann. Der hat eine riesige Ernte eingefahren, will seine Scheunen vergrößern »und will sagen zu meiner Seele: Liebe Seele, du hast einen großen Vorrat auf viele Jahre. Habe nun Ruhe, iss und trink und habe guten Mut.«

»Aber Gott sprach zu ihm: Du Narr, diese Nacht wird man deine Seele von dir fordern, und wem wird gehören, was du bereitet hast? – Also geht es, wer sich Schätze sammelt und ist nicht reich in Gott.« Dieses Gleichnis nennt der Stifter auf der Bürgerkanzel einen Maßstab, »an dem einer wie ich gemessen wird«.

Und dann sagt er – als seine Auslegung des Lukasevangeliums – diese erstaunlichen Sätze: »Hier geht es nicht um das soziale Verhalten des Reichen, auch nicht um seine öffentliche Verantwortung, die man kritisieren oder loben und mit Orden belohnen kann. Es geht allein um ihn selbst, um ihn, dessen Seele Gott fordern kann in dieser oder in einer anderen Nacht.«

Es geht »allein um ihn selbst«? Um einen wie ihn jedenfalls. War Kurt Körber »reich in Gott«? Sah er sich, um eine Formulierung des christlichen Philosophen Jacques Maritain zu borgen, als den »Bastler Gottes«, der das menschliche Maß und die Mitte an der Schöpfungsarbeit nicht verliert? Kurt Körber hat uns mit diesen Fragen alleingelassen. Wir werden auch nie erfahren, was er zur Entwicklung des Kapitalismus (nicht nur in Russland) gesagt oder wie er jenen »Marktwert« kommentiert hätte, der heute zur Begründung zweistelliger Millionengehälter einiger deutscher Manager angeführt wird. Wir hätten auch gern gehört, wie er, der nie auf Pump produzieren wollte, die in den USA entstandene Kreditkrise samt ihren weltweiten Folgen kommentiert hätte. Und wir hätten gerne gehört, was er den Investmentbankern über sein Verständnis von Unternehmertum zu sagen gehabt hätte und über den Unterschied zwischen seinem Streben nach Profit und der grassierenden »Gier«.

Über seinen Nachruhm hat Kurt Körber sich keine Illusionen gemacht. Für die Glückwünsche zur Ehrenbürgerwürde hat er sich mit einem Zitat des Jakobiners Nicolas de Chamfort bedankt: »Ehrungen und Auszeichnungen sind Blumen auf der Wiese der Kultur, die schnell verwelken. Entweder hält sich das Lebenswerk eines Menschen durch sich selbst, seinen eigenen Nachklang oder gar nicht.«

Überhaupt hat Körber Zitate geliebt und an so manche Wand schreiben lassen. Dieses zum Beispiel von Immanuel Kant: »Je mehr du gedacht. Je mehr du getan hast, desto länger hast du gelebt.« Er hat ein langes Leben gehabt. Und er war, wie Ralf Dahrendorf in der Frankfurter Paulskirche gesagt hat, »aus dem Stoff, aus dem freie Gesellschaften gemacht werden«. Kann ein Mensch mehr sein?

Sollte nicht der Text, den Johannes R. Becher für die verblichene Nationalhymne der DDR geschrieben hat, weiterleben als ein Gedicht auf den Anstifter Kurt A. Körber, Ossi und Wessi in einer Person: »Auferstanden aus Ruinen / Und der Zukunft zugewandt / Lass uns dir zum Guten dienen / Deutschland, einig Vaterland.«

Das letzte Wort aber soll einer der Giganten des Theaters haben, das immer Kurt Körbers heimliche Liebe war, William Shakespeare. Der lässt den Prinzen Hamlet seinem toten Vater nachrufen: »Wir werden seinesgleichen nimmer sehn.«

»Mein Körber«

– Ein Nachwort –

Das muss Ende 1983 gewesen sein: Körbers Büro war am Apparat – Herr Dr. Körber möchte mich sprechen. Ich war überrascht und neugierig. Wir sollten mal miteinander reden, sagte Körber am Telefon. Gern, sagte ich, wann und wo? Am besten gleich, sagte Körber, in meinem Bergedorfer Büro. Wo sind Sie? Ich schicke Ihnen einen Wagen.

Natürlich wusste ich, wer Kurt Körber war; wir waren einander wohl auch schon begegnet, nach einer Opernpremiere zum Beispiel. Aber ich hatte keine Ahnung, worüber er mit mir reden wollte – und was ihn dazu veranlasst hatte. Ich weiß es auch heute nicht, habe keine Erinnerung mehr daran, falls er es überhaupt erwähnt haben sollte. Was er von mir wollte, sagte er sofort, und das verblüffte mich. Kurt Körber wollte mich im Kuratorium seiner Opernstiftung haben.

Der Grund wird wohl gewesen sein, dass er mich als Journalisten sowohl für hinlänglich querköpfig als auch für hinlänglich effektiv hielt, um in seinen Augen als qualifiziert zu gelten. Dass ich ein Musiktheater-Freak bin, wusste er, woher auch immer. Er hätte es zum Beispiel in GEO nachlesen können, wo ich damals Chefreporter war, in Reportagen über Karajans Salzburg oder über die Entstehung einer »Tristan«-Inszenierung in Bayreuth. Er hätte es vom damaligen Direktor der Hamburgischen Staatsoper, Rolf Mares, erfahren können, mit dem ich mich angefreundet hatte, vielleicht sogar von Rolf Liebermann, dem ich 1982 nach Genf gefolgt war, um dort seine sensationelle Inszenierung des »Parsifal« in einer vom Atomschlag zerstörten Welt zu sehen und mit ihm darüber zu sprechen. Es war dies die Zeit, in der Kurt Körber daran dachte, Liebermann für eine zweite Amtszeit als Intendant der – sowohl finanziell als auch künstlerisch keineswegs problemfreien – Hamburgischen Staatsoper zu gewinnen, was ihm 1985 schließlich gelang.

Gegenüber der geballten Entscheidungsmacht des Stifters und Kuratoriumsvorsitzenden Körber und des Intendanten Liebermann hatte das Kuratorium nicht allzu viel zu melden, obwohl ein so bedeutender Förderer des musikalischen Nachwuchses wie Eduard Söring zu seinen Mitbegründern zählte und Loki Schmidt, die Gattin des ehemaligen Bundeskanzlers, dem Kuratorium ihr Prestige und ihre Popularität lieh. Was in der Oper gespielt wurde, was zu fördern sei und was zu geschehen habe, um wieder Geld in die Stiftungskasse zu bekommen, das hatten Körber und Liebermann (und in der

Regel Rolf Mares) längst verabredet, bevor wir Kuratoren darüber beraten konnten.

Immerhin bekam – und erfüllte – ich im Februar 1985 den Auftrag des Kuratoriums, »Überlegungen zum Ausbau der finanziellen Förderung der Hamburgischen Staatsoper« vorzulegen. Diese Überlegungen gingen von der Tatsache aus, »dass in England und Amerika die staatlichen Geldgeber bevorzugt solchen Theatern helfen, die sich zuvor aus eigener Initiative Geld bei der Wirtschaft oder bei Förderern besorgt haben«. Ich hatte Recherchen über das angelsächsische Opern-Sponsoring angestellt und zu erwägen gegeben, ob nicht doch einiges davon auf unsere Verhältnisse und Bedürfnisse übertragbar sei. In dem fünfseitigen Papier stand auch der – eher durch das Wiener Beispiel inspirierte – Satz: »Hamburg braucht einen Opernball.«

Dieser Satz löste das klassische Körber'sche Kommando »Dann machen wir das doch!« aus, und eine Menge Leute, die Kuratoren eingeschlossen, begannen zu rotieren. Die Überbauung des steil ansteigenden Parketts, die Tragfähigkeit des Bühnenbodens, das aufwendige Catering – für all das verlangte Körber Lösungen, und sie wurden gefunden. Die Eintrittspreise hatten hoch zu sein, das war klar; aber als wir im Kuratorium bei tausend Mark für die teuersten Plätze angekommen waren, wurden doch erhebliche Zweifel laut. Ihnen begegnete Körber mit der zwar originellen, aber letztlich wirkungslosen Staffelung der Preise: 999 Mark für die 500 besten Plätze,

777 Mark für die nächste Kategorie, 555 und 444 für die nächsten beiden – und 222 Mark für nicht reservierte Plätze.

Körber berief eine Pressekonferenz ein, um das neue Hamburger Ereignis gebührend zu propagieren. Dort überließ er es aber weitgehend mir, den erschienenen Kollegen nicht nur die Absicht des Opernballs, sondern auch ein Bewusstsein dafür zu schaffen, was Oper ohne staatliche Subventionen kosten müsste, samt unseren Eintrittspreisen für den Ball zu »verkaufen«. Schon während der Pressekonferenz machten die Reaktionen der Kollegen mir klar, dass mir dies misslungen war. Am nächsten Tag erschien »Bild« Hamburg mit der Schlagzeile »Mein lieber Mann! 999 Mark die Karte für 1. Hamburger Opernball« und einer Umfrage unter den »üblichen Verdächtigen«, ob sie den Ball zu diesen Preisen zu besuchen gedächten. Die Mehrheit reagierte, einige unter Hinweis auf ihre Kunden, die so was nicht verstehen würden, negativ. Auch die von Liebermann öffentlich verkündete Umwidmung des zu erwartenden Reinerlöses von der Opernkasse auf die Multiple Sklerose Gesellschaft konnte die Veranstaltung nicht mehr retten.

Als Rolf Mares im Kuratorium erschien und mitteilte, es seien statt der erhofften 2000 nur so wenige Karten verkauft worden, dass der Opernball schwerlich stattfinden könne, dachte ich, das bedeute dann wohl meinen Rausschmiss aus dem Kuratorium. Der kam auch, aber viel später und aus völlig anderem Anlass.

Erst einmal lernte ich den echten Körber kennen, den Mann, der aus Trümmern und kaputten Maschinen einen weltweit erfolgreichen Industriekonzern aufgebaut hat, den Mann, der »Geht nicht!« in keiner Sprache der Welt verstand und ein »Nein!« nur ausnahmsweise akzeptierte. Ich begann zu begreifen, dass dies eine für Körber typische Reaktion war: Ihr wollt den Opernball nicht? Zu teuer? Na gut, dann mache ich das eben allein! – Es gab 1986 nicht nur einen, es gab vier Opernbälle, auf Einladung von Kurt Körber zur Feier des 40. Geburtstages seiner Hauni-Werke, für deren Belegschaft, für Freunde und Förderer und für viel Prominenz aus Politik sowie Film, Funk und Fernsehen. Eintritt frei.

So etwas kann sich natürlich nur ein Multimillionär leisten. Aber Kurt Körber machte das nicht mit jener gern karikierten Ölscheich-Attitüde »Ich bin hier schlecht bedient worden. Ich kaufe den Laden, schmeiße das Management raus und lasse hier was Neues bauen«. Ich habe damals nur geahnt (und die gründliche Beschäftigung mit seiner Vita hat es mir bestätigt), wie wichtig für Körber das große Gemeinschaftserlebnis war und dass Geld für ihn keine Rolle spielte, wenn er ein solches Erlebnis schaffen konnte. Er sah darin ein Äquivalent für die Aufbruchsstimmung der Gründerzeit, nach der er, der nie aufhören konnte anzufangen, zeit seines Lebens Heimweh gehabt hat – nicht weil damals sein Aufstieg begann, sondern weil er die damals aus der Not geborene, die Menschen vereinende, solidarische Anstrengung beschwören wollte, die am Beginn des Wiederaufbaus stand. Für den erfolgreichen Gründerzeit-Unternehmer Körber war Solidarität stets vor allem eine moralische, eine ethische Kategorie.

Es war also nicht der schlecht verkaufte Opernball, der mir im Kuratorium der Opernstiftung zum Verhängnis wurde, es war eine von einem Sponsor finanziell unterstützte, aber, wie ich (und auch die Fachkritik) fand, misslungene Neuinszenierung fürs Repertoire der Staatsoper. Ich schrieb dem mir privat bekannten (und sympathischen) PR-Mann des Sponsors einen persönlichen Brief, in dem ich bedauerte, dass seine Firma ihr Geld nicht in eine bessere Aufführung investiert habe, und bekam eine bitterböse Antwort – von Kurt Körber. Auf welchen Umwegen der nicht an ihn gerichtete Brief in seine Hände geraten ist, war mir damals – und ist mir bis heute – schleierhaft. Körber erklärte das auch nicht. Er schrieb sinngemäß, wenn ich schon die künstlerische Arbeit der Staatsoper für so schlecht hielte, dann wäre es wohl besser, wenn ich auch dem Kuratorium der Opernstiftung nicht mehr angehören würde.

Ich gestattete mir in meiner einigermaßen verblüfften Antwort den Hinweis, dass ich keineswegs die künstlerische Arbeit der Staatsoper, sondern nur diese eine Inszenierung misslungen gefunden und auch nichts anderes in einem privaten Brief geschrieben habe – aber wenn Körber wünsche, dass ich den Platz im Kuratorium, den er mir angetragen hatte, wieder räume, dann wolle ich dies selbstverständlich tun.

Das war aber nicht das Ende (und auch nicht die Pointe) dieser Geschichte. Ich hörte einige Zeit nichts mehr vom Kuratorium und auch nichts von Körber selbst, bis sich unsere Wege bei anderer Gelegenheit, wahrscheinlich auf irgendeinem Empfang, kreuzten. Körber winkte mich aus dem Trubel in eine menschenleere Ecke und drückte mir ohne weiteren Kommentar ein hübsch verpacktes Etui in die Hand, das sich als eine Sammlung von kleinem, aber äußerst praktischem Werkzeug herausstellte. Etwa zeitgleich erreichte mich die Mitteilung, Herr Dr. Körber würde mich gern in der Jury des 1984 von ihm gegründeten Herbert-Weichmann-Preises sehen, den er sich für journalistisch ambitionierte Preisträger des ebenfalls von ihm gestifteten Schülerwettbewerbs Deutsche Geschichte um den Preis des Bundespräsidenten ausgedacht hatte. Sie sollten auf den Spuren des Emigranten Herbert Weichmann, ausgestattet nur mit einem Flugticket und ein paar Dollar Taschengeld, auf eigene Faust den Alltag in den USA, aber auch in anderen Ländern erkunden und beschreiben.

In der Weichmann-Jury traf ich auf so bewährte Kollegen wie den ehemaligen »Merian«-Chef Ferdinand Ranft, den GEO-Autor und Staatsrat Fritz Vahrenholt und meinen Freund »Mr. Tagesthemen« Hanns Joachim Friedrichs. Zum Dank für unsere ehrenamtliche Tätigkeit lud Körber die Jury und seine für den Weichmann-

Preis zuständigen Mitarbeiter, jeweils mit Begleitung, im Mai 1990 zu einem »Betriebsausflug« (Hajo Friedrichs) ein. Wir flogen mit einer gecharterten Maschine auf der damals noch für das Überfliegen des Territoriums der DDR vorgeschriebenen Route (über die Ostsee) nach Dresden. Körber zeigte uns die Stadt mit einer Hingabe, die mich damals schon sehr angerührt hat: die Semperoper, das Schauspielhaus, die Bastei und, zu Schiff, Schloss Pillnitz.

Ich denke heute, er wollte uns zeigen, wo er wirklich zu Hause war. In seiner Umgebung ging damals, zwei Jahre vor seinem Tod, sogar das Gerücht, er wolle wieder ganz nach Dresden ziehen.

Im »Intershop« des Hotels »Bellevue«, wo wir untergebracht waren, erstanden meine Lebensgefährtin und ich (gegen D-Mark) eine Weihnachtspyramide aus dem Erzgebirge. Sie ist noch immer mein »Körber-Souvenir«.

Hamburg, im März 2009 *Hermann Schreiber*

DANK

schulde ich vor allem dem Historiker Dr. Josef Schmid, der im Auftrag der Körber-Stiftung die Erinnerungen von Zeitzeugen und andere Quellen zu Körbers Leben gesichert hat, die nun auch mir uneingeschränkt zur Verfügung standen. Schmid hat aus seinen Recherchen zusammen mit dem Journalisten Dirk Wegner eine »historische Rekonstruktion der Vita des Unternehmers und Stifters Kurt A. Körber« unternommen, die 2002 in der edition Körber-Stiftung publiziert worden ist. Für mich ist Dr. Schmids Körber-Studie zum Leitfaden meiner Arbeit an diesem biografischen Essay geworden. Wo ich seinen Erkenntnissen und Einschätzungen durch eigene Recherchen nichts Veränderndes oder Ergänzendes hinzufügen konnte, habe ich sie, mit Schmids Einverständnis, in diese Arbeit übernommen. Die Protokolle seiner Zeitzeugen-Gespräche waren die Basis meiner Darstellung.

Sehr dankbar bin ich jenen Weggefährten Kurt Körbers, die bereit waren, in intensiven, ausführlichen Gesprächen ihre Erinnerungen mit mir zu teilen, nämlich Professor Norbert Heisig, Ruth Körber-Mulka, Peter Reszczynski, Dr. Eberhard Reuther, Horst Rödinger, Ulrich Voswinckel und meinem Kollegen Günter Stiller. Besonderer Dank gebührt dem Vorstand der Körber-Stiftung, namentlich Christian Wriedt und Dr. Klaus Wehmeier, die keine Mühe gescheut haben, mich als Autor für diesen Essay zu interessieren, und mir den Zugang zu allen von mir gewünschten Quellen freimütig gewährt haben.

Last, not least danke ich meiner Frau Jutta Temme, die meine Arbeit, wie bei allen meinen früheren Büchern, als Dokumentarin und diesmal auch als Rechercheurin erst möglich gemacht hat und die dabei von Susanne Kutz – für mich als Juror des Weichmann-Preises und dann des Boy-Gobert-Preises eine »alte Bekannte« – und von der Körber-Archivarin Gesa Heinrich jederzeit tatkräftig unterstützt worden ist.

Fehler, die dennoch unterlaufen sein mögen, sind meine Fehler.

Bibliografische Information der Deutschen Nationalbibliothek

Die Deutsche Nationalbibliothek verzeichnet diese Publikation in der Deutschen Nationalbibliografie; detaillierte bibliografische Daten sind im Internet über http://dnb.d-nb.de abrufbar.

Umschlag: Groothuis, Lohfert, Consorten | glcons.de
Umschlagsillustration: Ralf Nietmann | artkehlchen.de
Abbildungen: Körber-Archiv
Dokumentation: Jutta Temme
Herstellung: Das Herstellungsbüro, Hamburg | buch-herstellungsbuero.de
Druck und Bindung: CPI – Clausen & Bosse, Leck
Printed in Germany
ISBN 978-3-89684-074-5

www.edition-koerber-stiftung.de